Thema:
Konzeption und Umsetzung eines ortsbezogenen
Gamification-Ansatzes
für regionale Dienstleister

Masterarbeit

im Studiengang Wirtschaftsinformatik
der Fakultät Wirtschaftsinformatik
und Angewandte Informatik
der Otto-Friedrich-Universität Bamberg

Verfasser: Denis Hamann   Matr.-Nr. 1684873
Datum: 24.04.2014
Gutachter: Prof. Dr. Schlieder

Danksagung

An erster Stelle möchte ich meinen Eltern für die langjährige Unterstützung in meinem Studium danken.

Darüber hinaus möchte ich mich vor allem für die anregenden Gespräche, konstruktive Kritik und wertvollen Hinweise bei meinen Betreuern Dominik und Klaus bedanken. Diese haben nicht nur mein Interesse für die Thematik geweckt, sondern auch einen Blick über den Tellerrand hinaus ermöglicht.

An dieser Stelle möchte ich mich auch bei Olga für die Möglichkeit bedanken, die ESRI EMEAUC besuchen zu können. Somit konnte mir nicht nur einen Einblick in die kommerzielle Verwendung von GIS erhalten, sondern auch über aktuelle Themen und Entwicklungen.

Ein weiterer Dank gilt an dieser Stelle der Ruby User Group Bamberg bzw. Govinda, für diverse Workshops und angeregten Ruby on Rails Stammtische. Zu guter Letzt möchte ich mich noch bei alle denjenigen bedanken, die diese Arbeit Korrektur gelesen haben und auch auf die inhaltlichen Aspekte eingegangen sind.

Abstract

Verfasser:	Denis Hamann
Thema:	Konzeption und Umsetzung eines ortsbezogenen Gamification-Ansatzes für regionale Dienstleister
Keywords:	Pervasive Games, automatic Relocation, magic circle, Game Framework, OpenStreetMap

In der vorliegenden Arbeit soll ein Framework entwickelt werden, welches einen Spielleiter mit Hilfe von OpenStreetMap-Daten und Gamification bei der Durchführung eines ortsbezogenen Spiels unterstützt. Hierbei soll eine Integration von regionalen Dienstleistern in das Framework erfolgen. Zunächst wird auf die Probleme von ortsbezogenen Spielen eingegangen. Der Fokus wird insbesondere auf die Relokalisierbarkeit von Spielfeldern in Pervasive Games und der Verwendung von OSM-Daten gelegt. Der State of the Art der Literatur wird für mögliche Lösungen einer Relokalisierung herangezogen. Dabei wird ein eigener Ansatz mittels OSM-Daten vorgestellt. In diesem Zusammenhang wird auf die Transformation der Daten von OSM zu Spielelementen eingegangen. Es werden zudem Ansätze diskutiert, wie regionale Dienstleister unter Zuhilfenahme von neuster Technologie in das Spiel eingebunden werden können. Im Anschluss wird eine Entwurf für die ausgewählte Lösung präsentiert und dieser umgesetzt. Nach der Umsetzung erfolgt die Evaluation des Frameworks sowie der Spielfelder. Es wird festgehalten, dass die Qualität der OSM-Daten für die Generierung der Spielfelder eine ausreichende Güte aufweist. Darüber hinaus werden Methoden vorgestellt, wie Spielelemente auf gewichteten Netzwerken bewertet werden können. Zum Schluss werden weitere Optimierungspotentiale aufgezeigt und der Beitrag der Arbeit zur Lösung der Fragestellung diskutiert.

Inhaltsverzeichnis

Abbildungsverzeichnis

Tabellenverzeichnis

1. Einleitung: Ortsbezogene Gamification

Im Zuge des immer mehr zunehmenden E-Commerce steht der regionale Einzelhandel vor der Herausforderung für Kunden weiterhin interessant zu sein. Aktuelle Zahlen des Statistischen Bundesamtes [Nac12] und der GfK [Gfk09] belegen einen stagnierenden bzw. teilweise rückläufigen Markt im Vergleich zu einer wachsenden Konkurrenz aus dem Internet. Es stellt sich die Frage in welcher Art und Weise regionale Händler bestehende Kunden binden und neue Kunden auf deren Angebot aufmerksam machen können. Klassische Marketing Ansätze wie Print-Werbung sind weit verbreitet und werden aktuell genutzt. Ein Ansatz der in den letzten Jahren mehr an Bedeutung gewonnen hat, stellt die Gamification dar. Durch diesen Prozess wird versucht eine extrinsische Motivation für bestimmte Handlungen zu erzeugen. In diesem Zusammenhang soll durch Gamification eine Kundenbindung und -neugewinnung erzielt werden.

Um ein interessantes Spielkonzept dem Kunden bieten zu können, wird auf ortsbezogenen Spiele zurück gegriffen.[Sal11] Ein Solches nutzt die physischen Fortbewegung der Spieler als Interaktion mit dem Spiel. Durch diesen Modus kann erreicht werden, dass die Spieler geografisch mit den Orten interagieren und den regionale Anbieter aufsuchen.

Das Hauptaugenmerk dieser Arbeit soll sich vor allem auf die Erstellung der Spielfelder eines ortsbezogenen Spiels beziehen. Hierzu soll zunächst untersucht werden, inwiefern bestehende öffentliche Datenbanken am Beispiel von OpenStreetMap (OSM) genutzt werden können. Darüber hinaus müssen diese Daten aufbereitet und dem Spiel zur Verfügung gestellt werden.

Daher fokussiert sich die Fragestellung der Arbeit wie folgt:

Wie können Spielfelder anhand von OSM-Daten mithilfe eines Frameworks erstellt werden?

Es wird daher untersucht, in welcher Art und Weise die Daten vorliegen und transformiert werden müssen. Zudem wird untersucht, wie eine Bewertung der Spielelemente stattfinden kann um möglichst gute Spielfelder zu erstellen. Das Ziel ist den Aufwand für die Durchführung eines Spiels zu reduzieren. Diese Möglichkeit soll durch ein Framework erreicht werden. Durch den Einsatzes des Frameworks sollen gleichzeitig lokale Gewerbe in das Spiel eingebunden werden können. Die Spieler sollen somit auf Geschäfte oder andere Dienstleister aufmerksam gemacht werden. Die Umsetzung soll anhand eines Beispiel Spiels erfolgen. Hierfür wird ein Entwurf erstellt, der dies ermöglichen soll. Die Arbeit behandelt nicht die Evaluation bezüglich einer Umsatzsteigerung von regionalen Dienstleistern. Vielmehr soll das Framework die Möglichkeit dazu bieten.

Die Vorgehensweise der Arbeit beginnt mit einer Problembeschreibung. Anhand dieser wird der aktuelle Forschungsstand in der Literatur untersucht werden. Im Anschluss werden Lösungsansätze vorgestellt und die Entscheidungen erläutert. Nach der Lösungsauswahl wird der Entwurf umgesetzt. Dabei wird auf die technischen Details der Lösung eingegangen. Danach erfolgt die Evaluation der vorgestellten Lösung. Es wird begutachtet inwiefern der vorgestellte Lösungsansatz die beschriebene Problemstellung lösen kann und einen Beitrag zur Forschung leistet. Zum Schluss werden die Ergebnisse diskutiert und weitere Vorgehen identifiziert, welche im Ausblick behandelt werden.

2. Problemstellunug

Möglichkeiten ortsbezogener Gamification

Ziel der Arbeit ist es, ein Framework zu erstellen, welches Gamification Elemente verwendet um eine Plattform für Spiele zu bieten. Diese Spiele dienen idealerweise dazu, dass durch den Effekt der Gamification neue oder bestehende Kunden an die lokalen Dienstleister gebunden werden. Es soll dabei untersucht werden, welche Möglichkeiten und Vorgehensweisen es in der Literatur gibt und wie diese sich in ein Framework integrieren lassen. Durch die Integration wird sich versprochen, dass die Kunden dadurch eine extrinsische Motivation erfahren. Diese soll die Kunden zu bestimmten Interaktionen mit den einzelnen Geschäften animieren. Dabei soll aufgezeigt werden, wie eine Interaktion des Kunden vor Ort beim Dienstleister aussehen kann. Eine konkrete Evaluation der Effekte durch das Framework ist nicht Bestandteil der Arbeit.

Location-based Games als Mittel für Gamification

Im Zuge der Arbeit soll mit Hilfe eines Beispiel Spiels die Brauchbarkeit des zuvor angekündigten Frameworks untersucht werden. Das Spiel selbst soll ein Location-based Game darstellen. Ortsbezogene Spiele haben gewisse Anforderungen, die es zu erfüllen gibt. Hierzu ist es notwendig die Anforderungen beim Entwurf und bei der Umsetzung eines Frameworks zu berücksichtigen. Durch die Verwendung der Gamification Elemente, die durch das Framework zur Verfügung gestellt werden, soll das Spiel aufgewertet werden. Dadurch ist es notwendig, gewisse Entscheidungen bezüglich des Spielinhalts als auch der Spielmechanik zu machen. Diese Maßnahmen sollen aufgezeigt und erläutert werden.

Anforderungen an ein Geogameframework

Durch die Verwendung eines ortsbezogenen Spiels es notwendig, dass das Framework gewissen Anforderungen gerecht wird. Diese Anforderungen müssen für den Entwurf des Frameworks identifiziert und für die Umsetzung beachtet werden. Eins der Ziele ist es dabei dem Spielleiter möglichst viel Arbeit abzunehmen und gleichzeitig Konfigurationsmöglichkeiten zur Verfügung zu stellen.

Relokalisierbarkeit von ortsbezogenen Spielen

Ein wichtiger Aspekt bei ortsbezogenen Spielen stellt der georeferenzierte Spielinhalt dar. Dieser beinhaltet georeferenzierte Spielelemente mit denen der Spieler über das Spielfeld interagiert. Die Herausforderung ist es, dass ein Spiel nicht nur in einem fest definierten Bereich funktioniert. Das Framework soll es ermöglichen, dass das Spiel auch außerhalb geprüfter Orte spielbar ist. Die Lösungsansätze sollen mit Hilfe der Literatur untersucht und gegebenenfalls die Ansätze für einen Lösungsversuch aufgegriffen werden. Hierbei muss sicher gestellt werden, dass ein Kompromiss zwischen Komplexität und der Laufzeit des Verfahrens gefunden wird. Letzteres beeinflusst die Spielbarkeit. Bei der Verwendung eines Pervasive Games ist es daher notwendig, dass je nach Spielmechanik, die Erzeugung von Spielfeldern in Echtzeit erfolgen muss. Diese und andere Aspekte der Relokalisierung sollen identifiziert und nach einer Bewertung im Framework umgesetzt werden.

Freie Geobasisdaten und Möglichkeiten der kommerziellen Nutzung

Das Ziel der Arbeit ist die Erstellung des Spielinhalts mit Hilfe von OSM-Daten zu unterstützen. Bei der Verwendung von freien Geobasisdaten stellen sich diverse Fragen. Hierunter fallen die Qualität der Daten, als auch die Frage nach der Lizenz. Freie Geobasisdaten stehen in Konkurrenz zu kommerziellen Daten. Die Verwendbarkeit von Ersteren im Hinblick auf die Anforderungen für ein Framework soll bewertet werden. Der Einsatz von OSM soll daher auf Basis der Anforderungen und unter Zuhilfenahme der Literatur bewertet werden. Im Anschluss an die technische Umsetzung des Frameworks soll untersucht werden, inwiefern die Daten sich für den Einsatz in einem Frameworks eignen.

3. Forschungsstand

3.1. Gamification

Der Begriff Gamification geht auf Nick Pelling im Jahr 2002 zurück.[Pel11] Er beschreibt den Prozess, bei dem Spielmechaniken auf bestehende Aspekte angewendet werden, um eine extrinsische Motivation zu erzeugen.[Mar13] Erste Gamification Ansätze gab es zu Beginn des 20. Jahrhunderts z. B. durch Stempelkarten an der Eisdiele. Später wurden ähnliche Konzepte in Vielfliegerprogrammen aufgegriffen. In der Literatur gibt es unterschiedliche Definitionen der Gamification. In der nachfolgenden Tabelle 3.1 sind verschiedene Autoren und deren Einordnung des Gamification Begriffs zu sehen. Es lässt sich zunächst feststellen, dass ein gemeinsamer Konsens in der Literatur darüber herrscht, dass Gamification eine Nutzung von Spielmechaniken darstellt. Beim Vergleich der Einzelnen ist erkennbar, dass Zichermann/Cunningham [ZC11] und Kapp [Kap12] eine Übereinstimmung in der Nutzung von Gamification als Motivation finden. Zudem findet eine Überschneidung bei der Verwendung von Gamification als Mittel zur Lösung von Problemen statt. Zichermann/Cunningham [ZC11] definieren hier die Gamification als Mittel um extrinsische Motivation zu erzeugen, welche einen Einfluss auf die Handlungen des Einzelnen hat. Deterding et al. [Det+11], Breuer [Bre11] und Oxford [Oxf13] grenzen im Vergleich dazu die Gamification von normalen Spielen explizit ab. Sie legen Wert darauf, dass keine Spiele als Gamification verstanden werden, sondern als Basis der Gamification eine normale spielfremde Tätigkeit steht. Kapp [Kap12] geht im Vergleich zu den restlichen Autoren hier weiter und ergänzt die Nutzung von Gamification als Lehrmittel und stellt diese als Motivation für Personen dar. Speziell die Nutzung von Gamification im Zusammenhang der Lehre lässt sich in der aktuellen Literatur ebenfalls verfolgen.[LS12] Nach Jeannerod [Jea03] kann Gamification genutzt werden um ein Empowerment der partizipierenden Spieler zu erreichen. Ein Beispiel für die Nutzung von Gamification stellt das Sammeln von Geoinformationen mithilfe einer App dar.[OMM13]

	Zichermann/Cunningham [ZC11]	Deterding et al. [Det+11]	Breuer [Bre11]	Oxford [Oxf13]	Kapp [Kap12]
Nutzung von Spielmechanik	X	X	X	X	X
Motivation	X				X
Problemlösung	X				X
Spielferner Kontext		X	X	X	
Verhaltensbeeinflussung			X		
Lernförderung					X
Anregung zum Handeln					X

Tabelle 3.1.: Literaturübersicht zur Definition von Gamification

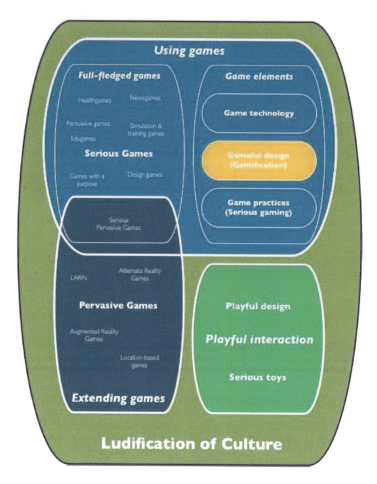

Abbildung 3.1.: Gamification nach Deterding et al. [Det+11]

Eine Einordnung und Abgrenzung der Terminologie ist in 3.1 zu sehen. Deterding et al. [Det+11] grenzen hierbei die Gamification als Prozess ab, der für die Erstellung der Spielelemente dient. Dieser Prozess wird verwendet um unter anderem Serious Games erstellen zu können. Diese stehen wiederum im Kontrast zu den Spielen zur normalen Unterhaltung, welche als Ausgangsbasis keinen alltäglichen Sachverhalt besitzen.

In der Literatur werden die Elemente Points, Badges und Leaderboards (PBL) angesprochen. Diese dienen als Mittel um eine Gamification durchführen zu können. Points stellen Punkte dar, die verwendet werden um einen Fortschritt des einzelnen Spielers darzustellen. Dies sind zum Beispiel Meilen in Vielfliegerprogrammen oder Statuspunkte beim Bonus Programm der Deutschen Bahn.

Bei Badges handelt es sich um Abzeichen, welche für bestimmte Errungenschaften an den Spieler vergeben werden. Ein Beispiel hierfür ist das Trainspotter Badge bei Foursquare, welches ausgestellt wird, wenn der Spieler in eine gewisse Anzahl von Bahnhöfen besucht hat. Die Badges sollen einen gewissen Status gegenüber den restlichen Spielern suggerieren.

Leaderboards sind klassische Ranglisten. Diese dienen dazu einen Wettbewerb unter den Spielern zu erzeugen. Es wird empfohlen nicht auf die klassische Top10 Liste zurückzugreifen, wie es bei vielen Spielhallen Automaten üblich ist. Stattdessen soll der Spieler zwischen Anderen platziert werden. Hierbei sind im Idealfall die Ränge über und unter dem Spieler dessen Freunde (vgl. Foursquare). Dies verhindert, dass der Spieler von überhöhten Punktzahlen abgeschreckt wird.

Zichermann/Cunningham [ZC11] erweitern das Modell in dem Sie es um weitere Aspekte ergänzen und diesem Struktur verleihen. Sie verwenden den Begriff SAPS. Dieser unterteilt sich in Status, Access, Power und Stuff (SAPS). Das bekannte Points, Badges und Leaderboards der Literatur wird unter Status zusammengefasst wie in nachfolgender Aufzählung zu sehen.

- Status (Badges, Levels, Leaderboards)

- Access (early Access)

- Power (give power, e.g. modicum control over other players)

- Stuff (give a reward, try to prevent that the price gets known)

Bei Access handelt es sich um „Zugriff" zu exklusiven Dingen, welche man dem Spieler gewährt. Ein Beispiel hier für ist die Lufthansa Senator Lounge oder die DB Lounge. Es kann sich aber auch um einen zeitlich verfrühten Zugriff auf ein Produkt oder Funktionen handeln.

Unter Power sind Regeln zu verstehen, welche es dem Spieler erlauben Einfluss (Macht) auf andere Spieler auszuüben. Dies kann z. B. durch Moderationsrechte ab einem bestimmten Level realisiert werden. Foursquare realisiert dies durch Superuser.[Lin+11]

Der letzte Punkt stellt Stuff dar. Es handelt es sich um Belohnungen die dem Spieler zuteilwerden. Klassischerweise handelte es sich z. B. um ein zusätzliches kostenloses Eis. Ziel ist es, dass dem Spieler nicht der konkrete monetäre Gegenwert ersichtlich wird. D.h. der Spieler soll nicht erkennen, wie viel seine Belohnung wert ist. Das Ziel sollte es nicht sein dem Spieler kostenlose Produkte zu geben, sondern etwas, was seinen Status unterstreicht.

Im Zuge der Gamification wird gerne der Begriff des Flow-Zustandes aufgegriffen. Es handelt sich um einen von Csikszentmihalyi [Csi91] eingeführten Begriff, bei dem es darum geht den Spieler zwischen einem optimalen Zustand zwischen Anspannung und Langeweile zu halten. Im Flow Modell wird angenommen, dass der Mensch sich in einer Situation jeweils seiner Handlungsmöglichkeiten und Fähigkeiten bewusst ist. Übersteigt der Umfang der Aufgaben die Fähigkeiten, stellt sich ein Zustand oberhalb des Flow-Zustandes ein, wie in Abbildung 3.2 zu sehen. Bei einer Unterforderung oder Einschränkung der Handlungsmöglichkeiten stellt sich schnell Langeweile ein. Das Ziel ist es den optimalen Zustand für den Spieler zu finden. Viele Spiele arbeiten unter anderem mit dynamischen Schwierigkeitsstufen, die berüchtigte Gummi-Band KI ist ein klassisches Beispiel.[Bat+11]

Abbildung 3.2.: Flow Zustand nach Csikszentmihalyi [Csi91]

3.2. Location-based Games

Spiel

Für die Definition von Geogames, muss zunächst der Spiel-Begriff definiert werden. In der Literatur gibt es hierfür eine Vielzahl von Definitionen. In dieser Arbeit soll die Definition analog zu Salen/Zimmerman [SZ04] verwendet werden, welche ein Spiel als Situation in Abgrenzung zum normalen Alltag darstellen. Ein Spiel wird innerhalb eines sogenannten Magic Circles durchgeführt, welcher das Spiel und die teilnehmenden Spieler von der Realität abgrenzt. Dieser magische Kreis dient als Regelraum in welchem dann ein Spiel nach vorgegebenen Regeln durchgeführt wird. Im Kontrast stehen hier zu Alltagssituationen, wie das Einkaufen oder die Arbeit.

Mobilegames

Unter Mobilegames sind Spiele aller Art zu verstehen, die unterwegs gespielt werden. Diese werden auf mobilen Endgeräten gespielt.[Bel+06] Unter Mobile Endgeräte fallen klassische Handheld-Konsolen wie z.B. der Nintendo Game Boy und Smartphones.

Location-based Games

Ortsbezogene Spiele werden in einem Geokontext gespielt werden. Hierbei wird die aktuelle Position des Spielers als Kontrollelement verwendet.[SKM06] Durch dieses kann der Spieler mit dem Spiel interagieren. Geogames sind eine Spezialisierung von ortsbezogenen Spielen, welche als Ursprung meist ein Brettspiel haben. Geogames sind nicht begrenzt auf digitale Spiele, sondern haben Ihren Ursprung im Versteckspiel, auch in Form einer Schnitzeljagd. Ein späterer Nachfolger dieser stellt das Geocaching dar.[Sim08] Das Ziel der ortsbezogenen Spielen ist die Interaktion des Spielers mit der Umgebung. Dies unterscheidet sich von den klassischen Konsolen-Spielen, bei denen der Spieler das Spielgeschehen über einen Controller steuert. Grenzt man diese motorische Steuerung ab, gibt es die Zwischenstufe des Vistaspaces. Im Vistaspace steuert der Spieler das Spiel nicht mehr mit seinen Händen, sondern mit motorischen Bewegungen. Beispiele hierfür sind die Nintendo Wii und die Xbox Kinect. Bei diesen werden durch Lagesensoren und Infrarot Kameras die Bewegungen des Spielers erfasst und in die Spielsituationen eingebunden. Findet das Spiel außerhalb eines Raumes statt, so wird vom sogenannten environmental space gesprochen. Die Steuerung des Spiels und der Spielerposition findet durch Lokomotion statt.[Ben+03; KMS07a] Die drei kognitiven Räume beschreibt Berendt [Ber99] in einer Gegenüberstellung der einzelnen Attribute.

In der aktuellen Literatur werden vermehrt Spiele für Smartphones untersucht und entwickelt.[Ras+06b] Durch die Integration von GPS-Modulen, den fallenden Preisen für die mobile Datenübertragung und der Vereinfachung der Entwicklung der Spiele wächst auch die Zielgruppe.

Eine Spezifizierung der ortsbezogenen Spiele stellen die sogenannten Geogames dar. Dieser Begriff wird vor allem von Schlieder [Sch13] gepflegt. Es handelt es sich überwiegend um klassische Brettspiele, deren Spielkonzept auf ortsbezogene Spiele übertragen wird. Die Grundidee ist es, die strategischen Reize der Brettspiele mit den Affordanzen der Echtzeit Situation von ortsbezogenen Spielen zu verbinden. Dabei wird die rundenbasierte Spielmechanik ausgetauscht gegen die Lokomotion des Spielers. Die damit verbundenen Probleme und Schwierigkeiten werden in Schlieder et al. [SKM06] beschrieben.

Pervasive Games

Unter Pervasive Games sind Spiele zu verstehen, welche den Magic Circle in seinen abgrenzenden Dimensionen erweitern. Konkret werden die definierten Grenzen typischer Spiele überschritten.[Mon05] Es geht es um die Erweiterung der ortsspezifischen, zeitlichen und sozialen Grenzen.[MSW09] Darüberhinaus gibt es in der Literatur bei Nieuwdorp [Nie07] und Björk [Bjö07] eine weitere Dimension, welche als „ambiguity of interaction or interface" definiert wird. Dabei handelt es sich um die Unklarheit bzw. Eindeutigkeit der Interaktion. Eine Vielzahl von Pervasive Games wurde in der Literatur behandelt und die Spielerinteraktion untersucht. Beispiele hierfür sind Can You See Me Now [Fli+03], GeoTicTacToe, CityPoker, Neocartographer von Schlieder et al. [SKM05], Human Pacman [Che+03] und Feed my Yoshi [Bel+06]. Anhand dieser Spieler wurden Erkenntnisse in der Praxis gewonnen, welche sich mit der Gamification Literatur in Kapitel 3.1 decken. Eine Sammlung weiterer interessanter Spielkonzepte stellt die Sammlung von Hinske et al. [Hin+07] dar, welche Ideen für eigene Spiele liefern kann. Für die Umsetzung des Frameworks ist es wichtig einen Überblick und Einordnung über die aktuell existierenden Pervasive Games zu haben. Aufgrund dieser Informationen können bewusst bessere Entscheidungen im Entwurf getroffen werden, welche somit dem Spielleiter und dem darauf aufbauenden Spiel zugute kommen.

3.3. Relokalisierungsansätze

Ein wichtiger Aspekt im Zuge von Pervasive Games ist der Gamecontent. Soll ein Spiel außerhalb eines fest definierten Geografischen Raums durchgeführt werden, ist es notwendig fremde Umgebungen mit Inhalt zu füllen.[Mon05] Bei der ortsbezogenen Relokation von Spielinhalten gibt es unterschiedliche Ansätze. Zunächst müssen die ortsbezogenen Affordanzen beachtet werden. Hierbei handelt es sich um die lokalen Gegebenheiten, welche einen Einfluss auf das Spielgeschehen haben. Ein Beispiel hierfür sind Flüsse die ein Spielfeld teilen und damit die Distanz zwischen zwei einzelnen Spielelementen beeinflussen.

Es gibt in der Literatur einen ersten Ansatz für die Relokalisierbarkeit von Spielfeldern. Kiefer/Matyas [KM05] beschreiben die Überlegungen bei der Durchführung des GeoTicTacToe Spiels in Bamberg. Bei der die Anordnung der 9 Spielpunkte einen Einfluss auf das Spielgeschehen hat. Brücken, Gebäude und Wege sind nicht strikt linear oder in Quadraten wie in vielen amerikanischen Städten oder z. B. in der Mannheimer Innenstadt. Für eine perfekte Ausgeglichenheit der Spielfelder müssten jegliche Informationen über Entfernungen, Fußgängerampeln Steigung des Wegs, körperliche Verfassung des jeweiligen Spielers, sowie dessen spatiale Fähigkeiten vorhanden. Dadurch entsteht ein äußerst komplexes Modell ohne Ideale Lösung. Daher wurden die ortsbezogenen Affordanzen als gegeben hingenommen bzw. in das Spiel als Herausforderung bzw. Spielelement integriert.
Generell gibt es drei Ansätze zur Relokation der Spielemente auf einer Karte.

- Keine Anpassung – Spiel an einem Ort möglich

- Komplette Anpassung – Spiel an jedem Ort möglich

- Hybride/teilweise Anpassung – Spiel durch Eingriffe spielbar

In der Literatur werden die Probleme von ortsbezogenen Spielen öfters angesprochen, jedoch keine konkreten Lösungsansätze untersucht. Die erste Möglichkeit stellen Spiele dar, welche keinerlei Anpassung enthalten. Ein Beispiel hierfür ist REXplorer.[Bal+07] REXplorer ist nur in der Stadt Regensburg spielbar. Neben dem zugeschnittenen Geolocation Content ist der Controller explizit auf die Umgebung angepasst. Hierbei handelt es sich um eine Art Zauberstab mit dem der Spieler mit den Elementen in der Umgebung interagieren kann. Diese Elemente sind jedoch explizit nur für die Stadt Regensburg erstellt worden und somit ist eine Funktion außerhalb nicht möglich.

Im Gegensatz dazu steht die zweite Möglichkeit. Es handelt sich dabei um Spiele, welche komplett ortsunabhängig gespielt werden können. Dies kann entweder durch einen Algorithmus sicher gestellt werden oder durch die Tatsache, dass die Spielelemente keinen direkte Anpassung benötigen. Spiele wie Feed my Yoshi, welche keine direkte Anpassung benötigen, haben deutliche Unterschiede im Hinblick ihrer Spielbarkeit abhängig von ihrer Umgebung. Die Autoren stellten eine Korrelation zwischen Bevölkerungsdichte und Spielbarkeit fest, da die Spielelemente von WLAN-Accessspoints generiert wurden.[Bel+06]

Die letzte Möglichkeit stellt ein hybrider Ansatz dar. Bei diesem werden bestehende Spielfelder von einem vorgegebenen geografischen Kontext auf ein anderes Spielfeld übertragen. Hierbei wird unter Zuhilfenahme von Algorithmen ein Transfer der bestehenden Daten auf ein neues Spielfeld bewerkstelligt.

Konkrete Lösungsansätze sind in der Literatur mit der Ausnahme von Kiefer et al. [KMS07a] nicht zu finden. Der von Kiefer et al. [KMS07a] gewählte Ansatz zielt darauf ab ein Vergleich von verschiedenen Spielfeldern herzustellen um Spieler von verschiedener Herkunft gegeneinander antreten können. Ziel ist es den Aufwand und die Kosten für die Durchführung dieser Spiele zu reduzieren. Kiefer et al. [KMS07a] identifiziert drei Quellen die zu einer Heterogenität der Spielfelder führen:

- spatial scale – Unterschied in geografische Größe

- static structure – Unterschied in geografischer Struktur (Straßen, Höhe)

- dynamic conditions – Verändernde Gegebenheiten (Wetter, GPS/GSM-Empfang, Verkehr)

Eine gewisse Heterogenität der Spielfelder macht die Herausforderung für die Spieler interessanter. Zu große Unterschiede führen hingegen zu einem unfairen und damit weniger gutem Spielerlebnis.

Generell gibt es zwei Arten von ortsbezogenen Spielen. Zum einen örtlich begrenzte (spatial discrete) Spiele und zum anderen örtlich fortsetzende (spatial continuous) Spiele. Bei Ersterem handelt es sich um Spiele die auf einem abgegrenzte Spielfeld durchgeführt werden und die Position des Geocontents fest auf der Karte definiert ist. Letztere sind Spielfelder, welche unbegrenzte Spielfelder haben und die Spielinteraktion in jeder Position stattfinden kann. Im Falle der spatial continuous Spiele ist ein bijectives Mapping der Orte nötig. Bei einer Bijektion findet eine vollständige Paarbildung zwischen den Elementen vom Ursprungsspielfeld und Zielspielfeld statt.[AL99] Dies funktioniert gut bei offenen Flächen. Bei der Verwendung von Straßen und innerhalb von Städten führt dies zu einer starken Verzerrung der Spielfelder und zu einer Diskrepanz zwischen Spielerfortbewegung und Lokomotion im Spiel.

Dies war der Grund, dass Kiefer et al. [KMS05] spatial discrete Spiele im Detail untersucht haben. Es wurde das Spiel CityPoker[KMS05] in zwei verschiedenen Städten gleichzeitig gespielt. Dabei konnten beide Teams der jeweiligen Städte über vordefinierte POIs miteinander interagieren. Untersucht wurde die optimale Gestaltung der Spielfelder zwischen den Städten. Zunächst wurden die POIs für beide Städte manuell nach eigenem Ermessen ausgewählt. Im Anschluss auf die Spielsitzung wurde untersucht, wie die unterschiedlichen Spielfelder ausgewählt werden müssten um ein optimales Feld zu erhalten. Hierbei ist zu beachten, dass die Reihenfolge der POIs bei Citypoker eine Rolle spielt. Abbildung 3.3 beschreibt ein ausgewähltes Spielfeld, sowie Distanzen zwischen den einzelnen Punkten.

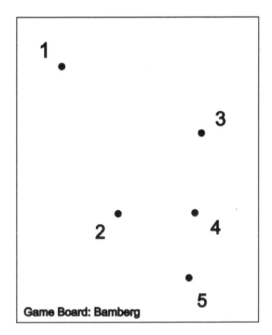

	1	2	3	4	5
1	0	762	775	987	1217
2	762	0	578	393	487
3	775	578	0	409	719
4	987	393	409	0	315
5	1217	487	719	315	0

Abbildung 3.3.: Spielfeld Verteilung nach Kiefer et al. [KMS07a]

Am Punkt 1 können Karten getauscht werden, welche beim anderen Team ebenfalls auf 1 liegen. Kiefer et al. [KMS07a] stellen für den Vergleich mehrere Entfernungsmatrizen auf, welche über ein Ähnlichkeitsmaß gegenüber gestellt werden. Für die Berechnung der Ähnlichkeit wird nachfolgendes Maß angewandt:

$$similarity = \frac{1}{n} \sum_{row=1}^{n} \sqrt{\sum_{col=1}^{n} (c_{1,row,col} - c_{2,row,col})^2} \qquad (3.1)$$

Hierbei stellen c_1 und c_2 jeweils die Entfernungsmatrizen der Spielfelder dar. Row und col adressieren die Zeile und Spalte. Zu beachten ist, dass die Entfernungen als direkte euklidische Luftlinie gemessen werden. Etwaige Höhenunterschiede, sowie örtliche Gegebenheiten werden aus Gründen der Vereinfachung nicht beachtet. Anschließend wird das arithmetische Mittel der Durchschnittswerte der einzelnen Reihen gebildet. Als Ergebnis wird angenommen, dass spatial discrete Spiele eine einfachere Konfiguration erlauben wie unter anderem Benford et al. [BML05] angemerkt haben. Benford et al. [BML05] identifizieren mehrere Herausforderungen im Bezug auf spatial continous games.

- Hefting domains

- Configuration

- Orchestration

Hefting domains stellen die Problematik dar, dass Spielelemente in Computerspielen auf die virtuelle Spielwelt fokussiert sind. Bei Pervasive Games muss dagegen ein besonderer Wert auf die Designentscheidungen bezüglich der virtuellen, reellen und hybriden Spielelemente gelegt werden.

Unter der Configuration ist die Adaption von Pervasive Games an verschiedene lokale Gegebenheiten zu verstehen. Darunter ist eine (generierte) Erstellung von Spielfeldern an anderen Orten zu verstehen.

Die Orchestration stellt das Management des Spiels während der Laufzeit dar. Hierbei soll sichergestellt werden, dass ein Eingriff in das Spielgeschehen zu Gunsten der Sicherheit der Spieler als des Spielerlebnisses möglich ist.

Ein erster Ansatz für die automatisierte Relokalisierung von Spielfelder lässt sich in der Literatur bei Mannara [Man12a] finden. Dieser entwirft am Beispiel von Uni Campi eine DSL[1] zur Nutzung von OSM-Daten für das Auffinden von Spielelemente des gleichen Typs.

Abschließend lässt sich feststellen, dass in der Literatur keine konkrete Lösung für die (teil-)automatisierte Erstellung von Spielfeldern existiert. An dieser Stelle soll die Arbeit des Autors ansetzten und eine Lösungsmöglichkeit präsentieren. Die daraus gewonnen Erkenntnisse sollen eine weitere Diskussion der Thematik ermöglichen.

3.4. Verwendung offener Geodaten

Zunächst ist der Begriff offene (Geo-)Daten zu definieren. Unter offenen Daten sind im folgenden Daten zu verstehen, welche unter freier Lizenz zur Verfügung stehen und somit ohne Lizenzgebühren verwendet werden können. Hierbei soll im Idealfall sowohl eine kommerzielle Nutzung als eine private Verwendung erfolgen können. Es lassen sich generell zwei verschiedene Quellen von öffentlichen Geodaten identifizieren. Als erste Möglichkeit gibt es Daten von öffentlichen Behörden. Es gibt aktuell im Zuge der Open Data Bewegung [Ore07] den Anspruch Daten diverser Behörden den Bürgern zur Verfügung zu stellen. Der Grund liegt in der Argumentation, dass diese Daten mit Hilfe von Steuergeldern erstellt wurden. Erste Ansätze lassen sich sowohl in Großstädten wie Wien [Wie14], Hamburg [Ham14] und Berlin [Ber14]

---

[1]domain-specific language

finden. Als Beispiel für ganze Länder ist Dänemark [Dig14] zu nennen.[2] Die Art, Qualität, sowie Umfang der Daten unterscheiden sich.

Die zweite Option sind offene (Geo-)Datenbanken, welche von privaten Personen durch manuelles Mapping oder externe lizenzierte Quellen zusammen getragen werden. Beispiele für die Datenbanken sind OpenStreetMap (OSM)[3] und Wikimapia[4]. Hierbei stellt sich vor allem die Frage der Qualität der Daten im Vergleich zu kommerziellen bzw. Daten von Behörden.

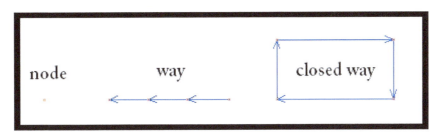

Abbildung 3.4.: OSM Elemente

Da für die Umsetzung des Frameworks OSM zum Einsatz kommen soll, ist eine Einschätzung im Hinblick auf die Anforderungen notwendig. In Abbildung 3.4 sind ein Teil der Standard Elemente von OSM zu sehen. Generell werden alle Kartendaten durch Nodes, Ways und Relations dargestellt. Ways sind miteinander verbundene Nodes und Relations enthalten Relations, Ways, Nodes. Für jeder der drei Typen können Tags zugewiesen werden. Damit können jedem Objekt mehrere Key-Value Paare zugewiesen werden, welche als Attribute zur Beschreibung der Objekte dienen. In der Literatur haben sich viele Autoren mit der Qualität von OSM beschäftigt. Haklay [Hak10], Flanagin/Metzger [FM08] und Goodchild [Goo07] beschreiben die Motivation der Personen die Kartenmaterial pflegen. Darüber hinaus wird auf die Probleme in offenen Datenbanken eingegangen. Es wird angemerkt, dass je nach Ziel des Mappers eine unterschiedliche Qualitätsstufe erreicht wird. Girres/Touya [GT10] beschreiben in einem Vergleich von französischer Daten, dass die Qualität der Daten von OSM seit dem Beginn des Projektes in 2004 deutlich zugenommen hat. Auf dem Land gibt es im Vergleich zu Städten unterschiedliche Abdeckungsraten. Zudem haben Naturkatastrophen einen Einfluss auf die Qualität der Daten.[Zoo+10] Zur Zeit gibt es bei OSM ca. 25.000 aktive Mapper.[Ope13b] Die Autoren stellen eine Korrelation zwischen Einwohnerdichte und Datenqualität fest. Die durchschnittliche Abweichung der Position beim Vergleich von OSM zu kommerziellen Kartenherstellern beträgt zwischen 1 und 30 Metern. Darüber hinaus gibt es eine Ungenauigkeit

[2]Eine Übersicht ist unter http://www.engagedata.eu/opendatasites zu finden. (Abgerufen am: 11.02.2014)
[3]http://openstreetmap.org
[4]http://wikimapia.org

bei Namen von Objekten. Diese entstehen unter anderem durch die Nutzung unterschiedlicher Sprachen und durch lokale Besonderheiten. Die Einfachheit von OSM durch die Reduktion der Daten auf Nodes, Ways und Relations mit den dazugehörigen Tags hat den Nachteil, dass im Modell keine logische Konsistenz sichergestellt wird. Dies muss in der Verarbeitung der Daten berücksichtigt werden. Hecht et al. [HKH13] beschreiben, dass eine geringe Abdeckungsrate im Vergleich zu professionellen Daten gibt. Dies wird ebenfalls von Pfoser et al. [Pfo+13] angemerkt. Diese weisen allerdings darauf hing, dass OSM eine hohe Klassifikationsrate besitzt. Zwar stellen die Autoren eine hohe Fehlerrate von bis zu 23% fest, diese ist aber für den Anwendungsfall als Nutzung für Spielfelder zu vernachlässigen.

Für OSM gibt es im Vergleich zu Wikmapia ausgereifte Schnittstellen. Dabei sind zwei von Relevanz, die für eine Abfrage von Daten in Frage kommen. Die erste Möglichkeit stellt die OSM API dar. Sie ermöglicht den Export der Geoinformatioenen bezogen auf eine Bounding Box. Eine detaillierte Filterung darüber hinaus ist nicht möglich. Als zweite Möglichkeit gibt es die OSM XAPI (Extended Api). Hierbei ist es möglich Abfragen in Verbindung mit den zugehörigen Tags zu erstellen.[MTS13] Die Ergebnisse der Abfrage werden als XML-Dokument zusammengefasst.
Auf Basis der Literaturrecherche lässt sich daher schlussfolgern, dass OSM eine ausreichende Qualität für die Erstellung von Spielfeldern besitzt. Die Anforderung sieht nicht vor, dass alle Elemente erfasst werden, sondern nur sichergestellt wird, dass genügend Spielelemente vorhanden sind.

3.5. Bewertung von Spielfeldern

Für die spätere Bewertung der Spielfelder ist es notwendig passende Verfahren zu nutzen. Hierfür eignen sich Verfahren der Geostatistik. Geostatistische Methoden haben ihren Ursprung in der Hydrologie.[Blö06] Das Ziel in der Geostatistik ist es geografische Daten zu analysieren und im besten Fall Interpolationen für unbekannte geografische Positionen zu bestimmen.[LRK93] Die Verwendung von Geoinformationssystemen (GIS) ermöglicht es hierbei Geodaten zu sammeln, speichern und wieder abzurufen. Gleichzeitig ist es möglich Daten zu transformieren und zu analysieren.[Kit97] Bailey/Gatrell [BG95] definieren die statistische Analyse von Räumlichen Daten genauer und unterscheiden zwischen spatialen und nicht spatialen Analysen. Vergleicht man die Anforderung, dass eine Verteilung von Spiefeldern bzw. Spielelementen untersucht werden soll, so lässt sich feststellen, dass in der klassischen Literatur der Geostatistik weniger Ansätze zur Untersuchung von der Verteilung von Elementen auf einer Karte finden lassen.
Für die Evaluation der Spielfelder muss untersucht werden, wie die Spielelemente

optimal verteilt werden müssen. Da die Fortbewegung der Spieler sich auf Wege begrenzt muss daher die Literaturrecherche den Fokus auf die optimale Verteilung von Punkten in einem (Wege-) Netzwerk richten. In der klassischen geostatistischen Literatur werden Verteilungen zunächst per Dichte unter Einfluss einer Zufallsvariablen beschrieben.[Hei92]

Um ähnliche Aussagen über gewichtete Netzwerke machen zu könne, müssen die Methoden auf Netzwerke übertragen werden. Goovaerts [Goo97] beschreibt bei die Verteilung von Ressourcen in einfachen Histogrammen und Streudiagrammen, welche die Konzentration der Ressourcen beschreiben. Darüber hinaus besteht die Möglichkeit mit einem Kreisdiagramm die gewichtete Verteilung zu visualisieren.[DR07] Für die Visualisierung von Netzwerken zeigt Okabe et al. [OOS06] wie ein farbiges Voronoi Diagramm erstellt werden kann, welches als Charakteristik die nächsten entfernen Punkte beschreibt. Spooner et al. [Spo+04] gehen einen Schritt weiter und definieren eine K-Funktion auf Basis von Okabe/Yamada [OY01], welche die Anzahl der Punkte in einem vorgegebenen Radius zu einem festen Punkt beschreiben. Die Formel ist wie folgt definiert:

$$K(t) = \frac{1}{p} E(n_{pit}) \tag{3.2}$$

E stellt der Erwartungswert in Hinblick auf p_n dar. P beschreibt die Anzahl der zu untersuchenden Punkte und n_{pit} beschreibt die Anzahl der Punkte die innerhalb der vorgegebenen Netzwerkdistanz t zum prüfenden Punkt p_i stehen. Dieser Ansatz soll als erste Evaluationsansatz der Spielfelder dienen, da er einfach zu berechnen ist und später angepasst und verbessert werden kann.

4. Lösungsansatz

4.1. Mögliche Lösungen

Gamification

Im Hinblick auf die Problemstellung in Kapitel 2, sowie der in der Literatur beschriebenen Ansätze in Kapitel 3.1, ergeben sich mehrere Möglichkeiten für eine Lösung. Das Ziel ist es, die Kunden zu motivieren neue Geschäfte aufzusuchen und eine Bindung zu bestehenden Geschäften zu erreichen. Da es sich hierbei um um einen Prozess handelt, der für den Kunden im ersten Schritt nur einen geringen Benefit darstellt, ist dieser ideal für eine Gamification geeignet.[Lei12] Ziel ist es somit die Besuche des Spielers durch eine Gamification interessant zu machen. Dies kann durch die verschiedenen Aspekte wie das Vergeben von Punkten für einen Einkauf (siehe Miles & More [Wag05], Payback [Rös05]) erreicht werden. Allerdings sind reine, einfache Punkteprogramme weit verbreitet und deren Nutzen umstritten.[Sch01] Daher ist es notwendig, das komplette Spektrum der Gamification zu betrachten. Über das reine Punkte System hinaus manifestiert sich in der Literatur die Grundmenge „Points, Badges und Leaderboards". Konkret bedeutet dies, dass es neben der einfachen Ansammlung von Punkten, es möglich ist Auszeichnungen für das Engagement des einzelnen Nutzers auszustellen. Ein weiterer Aspekt sind die sogenannten Leaderboards bzw. Bestenlisten. Über diese entsteht ein Ansporn unter den jeweiligen Spielern die anderen Spieler zu übertrumpfen. Bei einem Abgleich der Ansätze mit den typischen Spieler Profilen erkennt man, dass nicht alle dieser mit den einfachen Gamification Elementen bedient werden. Die Spielertypen nach Bartle [Bar04] sind in Abbildung 4.1 zu sehen.

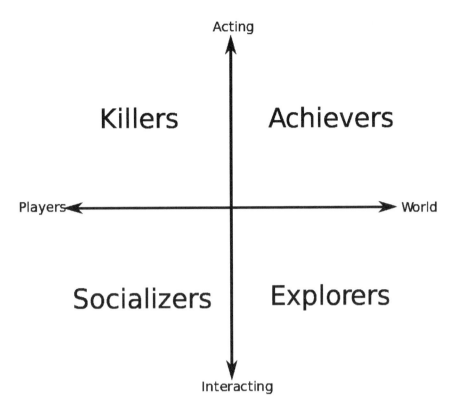

Abbildung 4.1.: Spielertypen nach Bartle [Bar04]

Die rudimentären Elemente der Gamification richten sich vor allem an Achievers und Killers. Die Frage stellt sich hierbei, wie Socializers und Explorers erreicht werden können. Hierzu kann das von Zichermann/Cunningham [ZC11] in Kapitel 3.1 erweiterte Modell SAPS genutzt werden, welches auch auf die Interaktion unter den Menschen eingeht. Im konkreten Beispiel schlagen Zichermann/Cunningham [ZC11] vor, den Spielern die Möglichkeit zu geben, bestimmte Positionen innerhalb eines Spiels einzunehmen. Durch diese sollen einzelne Spieler eine höhere Position erhalten als andere und damit auch eine Interaktion untereinander fördern. Damit können zu einem gewissen Teil die Socializers abgedeckt werden. Es ist jedoch zu beachten, dass für die vollständige Abdeckung aller Spielertypen konkret eine Spielmechanik erarbeitet werden muss, welche die übrigen Spielertypen explizit bedient. Eine Möglichkeit die Interaktion zwischen den Spielern zu steigern sind Teams bzw. Gilden. Durch diese können die Spieler gemeinsam aktiv handeln. Gemeinsame Ziele können so einfacher verfolgt werden, aber auch speziell durch das Spiel ein Zusammenhalt explizit gefördert werden. Dies kann z. B. anhand von Bonuspunkten oder einer Spielmechanik die kooperatives Spiel belhnt, gesteuert werden. Ein Beispiel hierfür ist das Spiel Ingress von Google welches für die Erstellung von Portalen im späteren Spiel umso mehr Spieler benötigt, je höher dessen Level sein soll.[Cel13] Andere Ansätze sind kooperative Quests, Handel von Spielitems, sowie das Fördern von Kommunikation zwischen den einzelnen Spielern.[CMA13] Ein weiterer Aspekt sind neue Bekanntschaften, die durch ortsbezogene Spiele gemacht werden. In einer Umfrage von 6400 Ingress Spielern gaben dabei 84% an neue Leute kennen gelernt zu haben. Dies zählten sie zu einem der wichtigsten Faktoren des Spiels.[Lui14] Explorer-Spieler untersuchen Ihre Umgebung und möchten neue Dinge entdecken. Sie fragen nach zusätzlichen Informationen. Für diese Spieler ist es z. B. interessant neue unbekannte Orte innerhalb des Spiels zu entdecken.

Dass die einzelnen Spielertypen nicht zu vernachlässigen sind, wird in Bromley et al. [Bro+13] deutlich. Hierbei stellen die Autoren am Beispiel von GoPets fest, dass durch die Orientierung an konkrete Spielertypen ein beachtliche Umsatzsteigerung erzielt werden kann. Allerdings ist es wichtig für den Erfolg eines Spiels, dass alle Spielertypen adressiert werden.[Bet07]

Nachdem die (Spiel-)Elemente der Gamification selbst identifiziert wurden, muss untersucht werden, wie die Interaktion der Spieler mit dem lokalen Einzelhandel aussehen kann. Der Unterschied des Einzelhandels im Vergleich zum Onlinehandel ist der physische Besuch vor Ort. Der Kunde muss vor Ort sein, um eine Dienstleistung wahrzunehmen oder ein Produkt zu kaufen. Daher ist es für den jeweiligen Händler von besonderem Interesse, dass ein potentieller Kunde sein Geschäft betritt. Ziel ist es somit, den Spieler durch die Spielmechanik in das jeweilige Geschäft zu bringen. Hierbei gibt es zwei Mögliche Ansätze für ein ortsbezogenes Spiel.

In der ersten und einfachsten Möglichkeit tritt das Geschäft selbst als festes Spielelement auf, dass direkt zum Spielerfolg beiträgt. In diesem Fall repräsentiert das Geschäft zum Beispiel ein TicTacToe Feld. Eine andere Möglichkeit ist es die Spieler indirekt zu unterstützten. In diesem Fall tritt das Geschäft z. B. als virtueller laden im Spiel auf, über den die Spieler die Items kaufen können. Welche der beiden Möglichkeiten in Frage kommt, hängt von der Intention des einzelnen Händlers ab. Steht der Fokus des Spiels auf einem Kontakt mit dem Spielelement, so muss sicher gestellt werden, dass dieser auch stattgefunden hat. Der Spieler sollte nicht einfach nur das Geschäft aufsuchen und dann wieder direkt verlassen. Im schlimmsten Fall kann dies dazu führen, dass normale Kunden, die nicht am Spiel teilnehmen, sich durch die Spieler gestört fühlen. Da es hierfür keinerlei Erfahrungswerte gibt, ist der Aspekt schwer abzuschätzen. Allerdings wäre eine mögliche Gegenmaßnahme, die Verweildauer der Spieler zu erhöhen. Dies könnte beispielsweise durch ein kleines Rätsel oder durch eine Interaktion im Raum sichergestellt werden. Eine weiter Möglichkeit für den Händler ist die bevorzugte Behandlung von wiederkehrenden Spielern. Ein Konzept das z. B. bei Foursquare verwendet wird ist der Mayor eines Geschäfts. Der Mayor stellt dabei die Person dar, welche die Lokalität innerhalb der letzten 60 Tage am häufigsten besucht hat. Diesem kann ein Händler über Foursquare besonderes

Angebot machen, wie zum Beispiel ein Kaffee zum halben Preis.[Lin+11] Ähnliche Konzepte können hier ebenfalls verwenden werden.

Da das Hauptaugenmerk darauf liegt, dass der Spieler mit dem jeweiligen Geschäft interagiert, muss sichergestellt werden, dass dieser physisch vor Ort ist. Um dies zu gewährleisten, gibt es mehre Möglichkeiten. In der einfachsten Variante werden die GPS-Koordinaten des Endgerätes verwendet. Der Vorteil liegt darin, dass bei den meisten mobilen Betriebssystemen eine A-GPS Implementierung vorliegt. Diese kompensieren die Nachteile von reinem GPS unter Zuhilfenahme einer bestehenden Mobilfunkverbindung.[DR01] Allerdings könnte es sein, dass der Empfang in einzelnen Gebäuden eingeschränkt ist und weder eine Verbindung zu GPS-Satelliten noch zum Mobilfunknetz hergestellt werden kann. Darüber hinaus besteht die Problematik, dass die Genauigkeit nicht ausreicht um festzustellen, ob die Person vor dem Geschäft oder im Geschäft selbst ist. Es muss daher sichergestellt werden, dass der Spieler wirklich im Geschäft selbst ist. Hier zu können QR-Codes verwenden werden. Diese lassen sich abscannen und initiieren eine Interaktion über eine URL oder App. Eine neue Möglichkeit stellt NFC dar.[Ras+06a] Über diese kann im Bereich von bis zu 20cm eine Interaktion stattfinden.[CRB06] Die passiven NFC Tags arbeiten in diesem Zusammenhang ähnlich wie QR Codes. Sie haben die gleichen Funktionalitäten. Der Unterschied liegt darin, dass die Daten nicht per Kamera sondern per NFC erfasst werden. Diese Ansätze breiten sich aktuell im Handel immer mehr aus.[Hei14] In Seoul gibt es z.B. virtuelle Regale, bei denen es sich um normale Werbeflächen handelt. Über diese Regale kann mittles QR-Codc bestellt werden.[Tes12] Diese werden vor allem in besonders gerne während des Feierabendverkehrs genutzt. Eine neue Technologie die neben den QR-Codes und NFC zum Einsatz kommen könnte, sind Bluetooth Low Energy Devices (BLE). Apple setzt bereits diese seit Ende 2013 in den Applestores ein und einige Startups sehen in der Technologie eine Möglichkeit den lokalen Einzelhandel mit dem Online Geschäft zu verbinden. Konkret handelt es sich dabei um passive BLE Geräte welche eine Reichweite von bis zu 30 Meter haben können. Deren Entfernung kann über eine Approximation der Signalstärke und der übermittelten Referenzsignalstärke errechnet werden.[DG13] Durch den Einsatz von mehreren sogenannter Beacons wird ähnlich wie bei GPS durch die Lateration eine Indoor Positionierung erreicht.[1] Somit könnte der konkrete Aufenthaltsort des Spielers in einem speziellen Bereich belohnt werden. Ein Beispiel wäre die Herrenmode-Abteilung, in der sich der Kunde länger als 10 Minuten aufgehalten hat.

---

[1]Eine Proof of Concept Anwendung wurde außerhalb des Rahmens dieser Arbeit vom Autor erstellt.

Ein Aspekt der nicht außer Acht gelassen werden darf, ist das Schummeln von Spielern. Dieses ist bei Spielen, bei denen es darum geht mit anderen Spielern zu konkurrieren, immer gegeben.[Con05] Ein besonderer Augenmerk gilt hier dem Multiplayer Cheating. Dabei geht es konkret um eine Vorteilnahme gegenüber den anderen teilnehmenden Spielern. Yan/Randell [YR05] identifizieren mehrere Möglichkeiten des Cheatings. Für diese gibt es jeweils passende Gegenmaßnahmen. Als Grundsatz kristallisiert sich heraus, dass der Schutz eines Spiels sich proportional zum investierten Aufwand verhält. Gegen Versuche der Manipulation ist kein System sicher. Hierbei handelt es sich um einen fließenden Prozess. Jeder Spielebetreiber muss basierenden auf seinen verfügbaren Ressourcen entscheiden, welche Methoden dieser einsetzten möchte.

Auch ortsbezogene Spiele bleiben vor Manipulationen nicht verschont wie He et al. [HLR11] untersucht haben. In diesem Fall ist ein erster Ansatzpunkt die maximale Fortbewegungsgeschwindigkeit. Kombiniert man diese mit der Spielmechanik, so reduziert sich auch der „Vorteil" durch das Cheaten. Ein Beispiel wäre eine Mindestaufenthaltsdauer für die die Einnahme eines POIs. Eine Einsatz von Rätseln kann über die Pause vor Ort hinweg helfen und das Spiel spannender machen.

Anforderungen an ein Geogameframework

Für die Umsetzung eines Geogameframeworks muss zunächst untersucht werden welche Anforderungen an ein solches gestellt werden. Im Hinblick auf die in Kapitel 2 beschriebene Problemstellung sollen die Anforderungen identifiziert und im Anschluss analysiert werden. Im Nachfolgenden soll auf die Aspekte eines Geogameframeworks eingegangen, sowie Lösungen für die Problemstellung aufgezeigt werden.

Ziel ist es ein ortbezogenes Spiel zu entwickeln, welches dazu führt, dass die Spieler lokale Dienstleister/Einzelhändler vermehrt aufsuchen. Das Gameframework soll in diesem Fall einem Spielleiter bei der Durchführung eines Spiels unterstützen. Dadurch soll der Aufwand um ein vielfaches reduziert werden. Dem Spielleiter sollen die Arbeitsschritte für die Selektion der Spielelemente anhand von Geodaten und der Durchführung abgenommen werden. Ziel ist es, dass der Spielleiter selbst mit möglichst geringen technischen Kenntnissen ein Spiel durchführen kann. Daher lässt sich als ersten Aspekt das einfache Durchführen der Spiele festhalten.

Für die Steigerung der Interaktion von potentieller Kunden wurde die Gamification und letztendlich die konkrete Spielmechanik in Kapitel 3.1 identifiziert. Um diese umsetzten zu können, muss ein Framework nicht nur eine Logik, sondern auch die Daten beinhalten. Abhängig wie hoch der Flexibilitäts-Anspruch an das Frameworks ist, müssen Spiel-Logik und Spiel-Daten voneinander getrennt werden. Soll das Framework nur für eine geringe Zahl ähnlicher Spiele verwendet werden, kann es sinnvoll sein die Funktionen und Datenstruktur direkt in das Framework einzuplanen. Ist dagegen der Plan ein Framework zu entwickeln, welches möglichst generisch arbeitet und später eine Vielzahl an unterschiedlichen Spielen unterstützten soll, dann ist eine Modularisierung der einzelnen Funktionen unerlässlich.

Bei der Durchführung eines ortsbezogenen Spiels muss ein Framework mit Geodaten arbeiten. Dabei ist es unerlässlich, dass das Framework nicht mit einem einfachen kartesischen Koordinaten System arbeitet, sondern ein Referenzsystem wie WGS 84 [GO98] und das UTM Koordinaten System [Gra95] verwendet. Für das jeweilige zu nutzende System müssen Bibliotheken integriert werden, damit die Operationen wie zum Beispiel Distanzmessung auf den Geodaten durchgeführt werden können.

Das Framework muss zudem die Integration vom externen GeoDaten ermöglichen. Bei diesen wird es sich Aufgrund der Ergebnisse in Kapitel 3.4 um OSM handeln. Das Framework muss auf Basis der OSM-Daten Spielfelder aufbereiten. Hierzu müssen die bestehenden Objekttypen Nodes, Ways und Relatitoions in Spielelemente transferiert werden. Zunächst gibt es die Nodes. Diese können direkt als Spielelement dargestellt werden, da Sie analog zu den Spielelementen ein Objekt repräsentieren und ihnen eine direkte Koordinate auf dem Spielfeld zugeordnet werden kann. Es gibt jedoch auch Nodes die Bestandteil eines Ways oder einer Relation sind. Diese sollten nicht als einzelnes Spielelement betrachtet werden. Die Objekte, die ein Way oder eine Relation in OSM repräsentieren, müssen zu einem Spielement mit nur einer Koordinate transformiert werden. Hierzu müssen alle Nodes innerhalb eines Ways zu einem „virtuellen" Node zusammengefasst werden. Damit die virtuellen Nodes wieder gefunden werden können im System, muss eine Adressierung der virtuellen Nodes ermöglicht werden. Für die Transformation mehrere Nodes zu einem Element gibt es unterschiedliche Ansätze. Der erste und einfachste stellt ein einfaches arithmetisches Mittel dar. Dies bedeutet, dass um alle Nodes eines Ways eine Bounding Box erstellt wird. Die beiden Koordinaten, die die Bounding Box begrenzen, werden anschließend mit einem arithmetischen Mittel miteinander zu einem einzelnen Punkt verrechnet. Diese Methode ist besonders einfach und der Punkt liegt immer innerhalb der Bounding Box. Allerdings spiegelt er nicht die Verteilung der einzelnen Objekte wieder und nimmt auf die konkrete geografische Struktur des Ways keine Rücksicht. Im Nachfolgenden ist die Berechnung der Koordinate (x/y) zu sehen:

$$x_{bb} = \frac{max_{i>0;i<=N}(x_i) + min_{i>0;i<=N}(x_i)}{2} \tag{4.1}$$

$$y_{bb} = \frac{max_{i>0;i<=N}(y_i) + min_{y>0;i<=N}(y_i)}{2} \tag{4.2}$$

Eine weitere Methode die diese Unzulänglichkeit behebt, stellt der geometrische Schwerpunkt dar. Bei diesem wird der Massenmittelpunkt des Körpers bestimmt.[Pap06] Hierfür ist zunächst die Berechnung der Fläche nötig:

$$A = \frac{1}{2} \sum_{i=0}^{N-1}(x_i \; y_{i+1} - x_{i+1} \; y_i) \tag{4.3}$$

Dieses kann wiederum verwendet werden um das geometrische Gewicht zu ermitteln:

$$x_s = \frac{1}{6A} \sum_{i=0}^{N-1}(x_i + x_{i+1})(x_i \; y_{i+1} - x_{i+1} \; y_i) \tag{4.4}$$

$$y_s = \frac{1}{6A} \sum_{i=0}^{N-1}(y_i + y_{i+1})(x_i \; y_{i+1} - x_{i+1} \; y_i) \tag{4.5}$$

Die jeweiligen x- und y-Koordinaten liefern damit die Koordinate auf dem Spielfeld. Der Gedanke eines Frameworks zielt auf eine einfache Erweiterbarkeit, Pflege und Wiederverwendbarkeit ab. Daher ist die Erweiterbarkeit für weitere Spiele und Spielmechaniken ein wichtiger Aspekt. Ziel ist es daher ein Grundgerüst zu entwickeln, welches durch Anpassungen einfach modifiziert werden kann. Je nach Fokus auf Flexibilität und Umfang des Frameworks, müssen Funktionen und Methoden generischer oder spezifischer implementiert werden.

Der in Kapitel 1 angestrebte Mehrwert des Frameworks, neue und bestehende Kunden an lokale Einzelhändler zu binden, stellt ein wichtiger Aspekt dar. Generell gibt es verschiedene Möglichkeiten wie Lokalitäten in ein Spiel integriert werden können.[Nel02] Zunächst gibt es die Möglichkeit Werbebanner direkt in Spiele einzubinden.[NKY04] Diese Werbung gleicht der Printwerbung mit dem Unterschied, dass die Sichtbarkeit im Vergleich zu klassischen Medien oder Filmen deutlich erhöht ist.[EM08] Darüber hinaus ist die Sichtbarkeit durch die durchschnittliche Spielzeit deutlich erhöht. Spiele die soziale Aspekte beinhalten, haben im Schnitt höhere Spielzeiten.[Duc+06] Bei älteren Spielern sind es bis zu 30 Stunden pro Spiel der Durchschnitt. Die gesamte Spielzeit eines Spiels von 30 Stunden steht daher im Kontrast zu einer Anzeige die eine Sichtbarkeit von wenigen Sekunden besitzt, da sie einfach übersprungen werden kann.

Eine andere Möglichkeit stellen so genannte Advergames dar. Bei diesen handelt es sich um Spiele die rein auf dem zu bewerbenden Produkt bzw. der Dienstleistung selbst fokussiert sind. Diese haben einen deutlich größeren Einfluss auf die passende Zielgruppe. Allerdings werden hierbei vor allem Personen angesprochen die Spielen gegenüber offen sind.[TB06] Chen/Ringel [CR01] und Dahl et al. [DEB09] beschreiben, dass jüngere Personen bis zu 100 mal mehr spielen als ältere. Der Kunde nimmt die Marke durch Advergames deutlich mehr wahr im Vergleich zu anderer Werbung. Die Möglichkeiten für die Integration von Produkten sind vielfältig. Neben der passiven Einbindung des Produktes in die Spielumgebung, kann das Produkt auch selbst als Spielelement dienen (Beispiel: Colgate 1992: Harald Hårtand – kampen om de rene tænder). Darüber hinaus könnte im Fall eines ortsbezogenen Spiels der Händler/Dienstleister im Spiel selbst als Pendant seines Händlers in der Realität auftreten. D.h. ein Händler stellt im Spiel selbst einen Händler für Spielitems dar. Somit lässt sich die Einbindung generell in zwei Arten unterteilen. Einmal als aktiv für den Spielausgang entscheidendes Element (z.B: als POI für TicTacToe) oder aber als Händler, welchen der Spieler aufsuchen kann. Im Hinblick auf die Spielitems sollten diese vorzugsweise im Zusammenhang mit dem Händler und der Spielthematik stehen. Je besser sich diese in das Spiel integrieren, desto eher werden sie vom Spieler als plausibel wahrgenommen. Dies hat wiederum einen positiven Effekt auf die Wahrnehmung. Ein Beispiel für die Integration könnte z. B. ein Supermarkt sein, welcher Essen anbietet. Dieses kann wiederum vom Spieler zur Auffrischung der Energie verwendet werden. Ein anderes Item könnte eine Schaufel darstellen, welche beim lokalen Baumarkt gekauft und im Spiel zum Bauen von eigenen Gebäuden verwendet werden kann.

Abschließend lässt sich feststellen, dass das Framework modular aufgebaut sein muss, um später erweitert zu werden. Dies soll vor allem der Erweiterbarkeit und der Portabilität dienen. Eine Portabilität ist notwendig, da ein ortsbezogenes Spiel auf mobilen Endgeräten gespielt wird. Da das Framework vor allem für Smartphones genutzt werden soll, ist es daher wichtig, die Spielelemente für den Spieler aufzubereiten. Hierzu gibt es verschiedene Möglichkeiten. Generell gibt es unterschiedliche Smartphone Betriebssysteme deren Marktanteile sich je nach Region unterscheiden. Ein Vergleich zeigt Abbildung 4.2, welche die aktuelle globale Verteilung der mobilen Betriebssysteme aufzeigt.

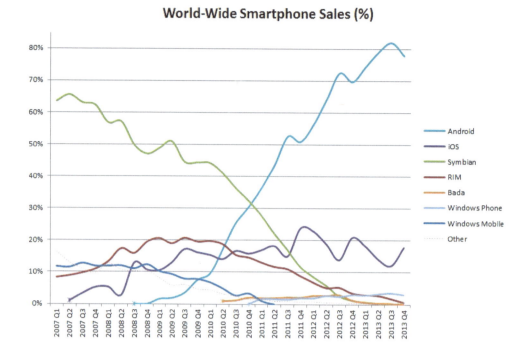

Abbildung 4.2.: Globale Verteilung mobiler Betriebssysteme auf Basis von Gartner [Gar13] – Bildquelle: [Wik14]

Die aktuelle Verbreitung von ca. 80% Android, 18% iOS und 3% Windows Phone bei Smartphones stellt die Frage, für welche der besagten Plattformen man Anwendungen erstellen möchte. Die erste Möglichkeit Mobile Anwendungen zu erstellen sind native Apps. Die zweite Möglichkeit sind Web-Apps [CL11]. Der Unterschied zwischen beiden Varianten liegt im Aufwand der Implementierung, der Ausführgeschwindigkeit, Zugriff auf die Hardware und dem unterschiedlichen Deployment. Native Apps gelangen in die jeweiligen Appstores und bieten Zugriff auf diverse Hardware Funktionen. Konkret für das Geogameframework sind zweierlei Dinge wichtig.

- Möglichst wenig Aufwand für das Deployment

- Zugriff auf GPS Korrdinaten

Dies kann sowohl über native Apps als auch über eine Web Applikation bewerkstelligt werden. Die SDKs der jeweiligen Hersteller bieten per API Zugriff auf die GPS Schnittstelle. Für Web-Apps kann im Zuge von HTML5 ebenfalls auf eine GPS Ortung zurückgegriffen werden.[Hol11] Um den Entwicklungsaufwand für Web-Apps zu reduzieren, ist es sinnvoll auf Webframeworks zusetzen. Dadurch müssen grundlegende Funktionalitäten nicht erneut entwickelt werden. Eine Entscheidung ist in diesem Fall abhängig von den Anforderungen. Eine Auswahl der Entwicklungsumgebung wird in Kapitel 5 getroffen.

Abschließend lassen sich die einzelnen Anforderungen des Gameframeworks wie folgt zusammenfassen:

- einfaches Staging der Spiele

- Modularisierung der Funktionen für Gamification/Spielmechanik

- Verarbeitung von Geodaten

- OSM-Daten Transformation/Aufbereitung

- Einfache Erweiterbarkeit der Spielmechanik

- Einbindung der lokalen Händler

- Modularer Aufbau

Relokalisierbarkeit von ortsbezogenen Spielen

Für die Relokalisierbarkeit von Spiefeldern wurden in Kapitel 3.3 erste Ansätze in der Literatur identifiziert. Diese beziehen sich allerdings speziell auf spatial discrete Spiele. Generell erfolgt die Unterteilung in die zuvor identifizierten Möglichkeiten. Es kann entweder keine Anpassung, eine vollständige Anpassung oder ein Hybrid Ansatz erfolgen. Der ideale Fall stellt eine vollständige Anpassung und damit Relokalisierbarkeit eines Spiels ohne das manuelle Anpassen durch einen Spielleiter dar. Hier für gibt es in der Literatur allerdings keine konkreten Ansätze. Vielmehr werden konkrete Spiele wie REXplorer [Bal+07] oder GeoTicTacToe [KMS07a] durch eine vorgegebene Liste an POIs adaptiert. Hierzu wird zu einem optimalen Spielfeld in einer Stadt das jeweils beste der anderen Stadt gefunden. Einen nutzbaren Ansatz für die automatisierte evaluierte Relokalisierung gibt es hierbei allerdings nicht. Ein Ansatz der sich aus der Hypothese herausbildet, ist der Versuch Aufgrund bestehender Geodatenbanken – hier OpenStreetMap – eine Relokalisierung zu erreichen. Es müssen allerdings neben der bereits angesprochenen Transformation der Relationen, Ways und Nodes auch eine Auswahl der Spielelemente stattfinden. Denkbar sind zwei Ansätze. Um ein „gutes Spielfeld" zu identifizieren und somit eine Relokalisierung für gut zu befinden, muss ein Evaluationsansatz existieren. Ansätze zur Evaluation von Spielfeldern sollen im Kapitel 6 näher betrachtet werden. Generell kann zwischen einer Echtzeit-Evaluation und einer Offline-Evaluation unterschieden werden. Jede Form hat ihre eigenen Vor- und Nachteile.

Bei einer Echzeitevaluation der Spielfelder liegt der Vorteil in der völligen Automatisierung der Auswahl der Spielelemente. Diese führt zu weniger Aufwand für den Spielleiter, der ein Spiel ausrichten möchte. Allerdings muss gleichzeitig der zu verwendende Algorithmus in Echtzeit zu einem Ergebnis für die Auswahl der Spielelemente kommen. Da Pervasive Games in Echtzeit gespielt werden, kann ein Algorithmus keine größere Komplexität aufweisen. Die Echzeitanforderung begrenzt daher die Laufzeit des Algorithmus und führt somit zu einer eingeschränkten Qualität der Spielfelder.

Im Gegensatz dazu steht eine Evaluation und Auswahl der Spielelemente vor bzw. unabhängig vom Staging. Die Vorteile sind die mögliche Komplexität des Algorithmus, sowie die damit verbundene Qualität der Spielfelder. Ein Nachteil ist allerdings, dass eine Evaluation der Spielfelder im Voraus erfolgen muss. Da bei einem Pervasive Game allerdings das Spielfeld die ganze Welt darstellt, ist eine Laufzeit stark abhängig vom Algorithmus sowie der Datenbasis.

Eine andere Möglichkeit stellt ein hybrider Ansatz dar. Dabei wird ein Teil der Evaluation ausgelagert und es bleibt ein weniger komplexer Teil für die Echzeitberechnung übrig. Eine Möglichkeit wäre es z. B. im Voraus eine Selektion der Spielelementtypen und die konkrete Auswahl in diesem Subset an Daten während der Laufzeit zu machen. Beispielsweise könnte im Voraus zunächst eine Auswahl der OSM-Daten anhand eines Key-Value Paars erfolgen (highway=bustop) und im Anschluss wird während der Laufzeit entschieden ob Objekte zu dicht beieinander liegen. Dann könnten die Elemente außer acht gelassen werden oder bei zu geringer Verbreitung dummy-Elemente eingefügt werden.

Freie Geobasisdaten und Möglichkeiten der kommerziellen Nutzung

In Kapitel 3.4 wurden öffentliche Geodatenbanken identifiziert welche Geodaten enthalten, die für eine Nutzung für ein ortsbezogenes Spiel in Frage kommen. Von diesen hat sich lediglich OSM als brauchbar und mit ausreichender Daten-Qualität erwiesen. Untersucht man OpenStreetMap bezüglich seiner Lizenz für die Verwendung in kommerziellen Projekten, so lässt sich zunächst der Wechsel der Lizenz im Jahre 2012 auf ODbl erkennen.[Ram12]

Vergleicht man die Anforderungen eines Gameframeworks an die Geodaten, so ist der Aspekt der Lizenzierung wichtig. Im Vergleich zu anderen Open Source Lizenzen ist eine kommerzielle Nutzung möglich ist, ohne den Quellcode des Programmes oder zusätzliche externe Datenquellen zu veröffentlichen. Die ODbl in Version 1.0 beschreibt hierbei, dass ein Auszug aus der Datenbank selbst als Derivative Database anzusehen ist.[Com14] D.h. in Verbindung mit OSM ist das Ergebnis einer Abfrage an den OSM Server als Datenbank anzusehen, welche nach ODbl zu behandeln ist. Der Nutzer, hier: der Betreiber, ist verpflichtet die modifizierten oder in irgend einer

Weise aufgewerteten OSM-Daten der Öffentlichkeit (über das Internet) wieder zur Verfügung zu stellen. Eine private Verwendung muss nicht veröffentlicht werden. Gleiches gilt für die zusätzlichen externen Datenquellen welche mit den OSM-Daten vermengt werden. Dies können zum Beispiel kommerziell eingekaufte Höhenprofile oder Landschaftsaufnahmen sein. Diese bleiben somit davon unberührt.

Nach einer Untersuchung der Pflichten, die durch die Nutzung der ODbl in Verbindung mit OSM entstehen, lässt sich feststellen, dass eine Nutzung der OSM-Daten juristisch unbedenklich ist. Die Anforderungen des Gameframeworks sind mit der Lizenz vereinbar. Allerdings müssen die abgerufenen Daten über eine dokumentierte Schnittstelle wieder zur Verfügung gestellt werden können. Wie eine Dokumentation und zur Verfügungsstellung der Daten im Detail aussieht ist nicht näher spezifiziert. Hier eignet es sich eine bestehende Schnittstelle zu erweitern. Im Entwurf des Frameworks kann eine Schnittstelle so ergänzt werden, dass diese gewünschten die Daten zur Verfügung stellt. Idealerweise stellt dies eine Schnittstelle dar, die analog zur Datenaufbereitung für das Spielfeld dient. Alternativ könnte, um die Performance des Spiels nicht zu beeinträchtigen, ein separater Server dafür abgestellt werden. Dieser bietet die gleiche Funktionen, aber verhindert, dass durch die Abfrage von größeren Datenmengen das laufende Spiel beeinträchtigt wird.

4.2. Gewählter Lösungsansatz

Betrachtet man die in Kapitel 1 beschriebene Forschungsfrage, so ist der Fokus der Arbeit vor allem auf der Untersuchung einer Möglichkeit zur möglichst einfachen Aufbereitung von Spielfelder zu sehen, bei denen der Spielleiter so wenig wie möglich sich selbst einbringen muss. Darüber hinaus sollen die lokalen Händler/Dienstleister in das Spiel eingebunden werden, damit diese einen Mehrwert durch Kundenbindung erfahren. Da der Fokus auf die Aufbereitung und Evaluation der Spielfelder gelegt wurde, werden für das Beispiel Spiel nur ein Teil der Aspekte umgesetzt.

Für die Gamification selbst ist es nach Analyse der Möglichkeiten am sinnvollsten sich überwiegend auf die Basis Elemente Points Badges und Leaderboards zu beschränken. Spätere Elemente die Zichermann/Cunningham [ZC11] herausgearbeitet haben, sollten einfach erweiterbar sein, aber nicht den Fokus darstellen. Um die einzelnen Aspekte besser zu verdeutlichen, werden die verwendeten Aspekte am Beispiel Spiel erläutert.

Das Beispiel Spiel selbst stellt eine abgewandelte Variante des beliebten Capture The Flag-Spielmodus dar.[AWC99] Es gibt verschiedene Flaggen auf dem Spielfeld. Diese Flaggen symbolisieren die POIs, welche auf Basis des Gameframeworks unter der Nutzung von OSM generiert wurden. Dem Spieler stehen Aktionspunkte zur Verfügung, welche er einsetzten kann um diese Flaggen zu besetzten. Jeder eingesetzte Aktionspunkt, führt zu „Prestige" auf der Flagge. Der Spieler kann Flaggen, welche von fremden Spielern bereits besetzt wurden übernehmen, in dem er diese durch den Einsatz seiner Aktionspunkte um deren Prestige verringert bis diese neutral sind. Neutrale Flaggen kann der Spieler wiederum einnehmen. Dem Spieler stehen pro Tag 24 Aktionspunkte zur Verfügung. Jede Stunde erhält der Spieler einen Aktionspunkt, sofern er noch nicht mindestens 24 Aktionspunkte hat. Durch den Kauf von Items über Händler, kann der Spieler seine Fähigkeiten verbessern. Der aktuelle Punktestand wird dem Spieler angezeigt. Dieser berechnet sich aus dem Prestige aller Flaggen die dem Spieler angehören. In einer späteren Version des Frameworks, ist es vorstellbar, dass sich der Spieler mit Spielern aus seiner geografischen Nähe und seinen Mitspielern in der Rangliste unter und über ihm misst.

Eine einfache Spielmechanik wurde gewählt, da der Fokus auf der Generierung der Spielelemente lag. Ein weiterer Grund ist das Aufzeigen der Anpassbarkeit des Frameworks. Die Repräsentation der Spielelemente durch einfache POIs ist generisch genug für die Verwendung des Geogameframeworks. Somit können sowohl für Pervasive Games als auch für Geogames Spielfelder erzeugt werden. Die Spielmechanik, welche an Capture the Flag erinnert, ist besonders beliebt bei Spielern und hat sich auch in bestehenden Pervasive Games bewährt.[Bel+06; Lui14] Darüberhinaus erfüllt es in der genannten Abwandlung bereits einige Aspekte der Gamification Elemente. So wird der Status des Spielers bzw. sein „Prestige" direkt anhand der Flaggen auf dem Spielfeld sichtbar. Er kann sich auch mit anderen Spielern messen und seine Interaktion mit dem Spielfeld wird für die anderen Spieler direkt in Echtzeit ersichtlich. Die Einführung der Aktionspunkte für die Interaktion mit der Umgebung hat zwei Intentionen. Zum einen soll sichergestellt werden, dass die ortsbezogenen Affordanzen für die einzelnen Spieler normalisiert werden. Hiermit wird versucht ein quasi Handicap für besonders aktive und sich schnell fortbewegende Spieler zu erstellen. Es wird darüber hinaus verhindert, dass der Spieler sich nur kurz in bestimmten Regionen aufhält und das Spiel somit zu einem Rennspiel verwandeln würde.[SKM05] Ein weiterer Nebeneffekt ist die Reduzierung von möglichen Betrugsversuchen, da selbst eine Automatisierung der Spielerclients durch z. B. Bots keinen entscheidenden Vorteil bringt.[GD05] Durch die Limitierung der Aktionspunkte auf 24 pro Tag wird der Spieler animiert, aktiv zu spielen. Items, welche der Spieler von Händlern kaufen kann, sollen als Gegenstand dem Spieler repräsentiert werden. Der Gegenstand ist nicht nur einfach beim Händler kaufbar und im Inventar verwendbar, sondern auch mit anderen Spielern teilbar. Die Idee dahinter zielt auf die beliebten Rollenspiel Elemente ab und soll dazu dienen, dass Spieler miteinander z. B. durch einen Handel interagieren. Speziell die Spielertypen

Socializer werden hier angesprochen. Aber auch Explorer kommen hier zum Zug, da die Items bzw. Itemtypen nicht starr festgelegt sind und somit jede Region oder jeder Händler individuelle Items besitzen kann. Die Händler selbst werden hier als nicht gewinnbringendes Spielelement aktiv. Die Entscheidung, dass die Händler nicht selbst als POIs auftreten, hat zwei Gründe. Zum einen sollen die Händler nicht von Spielern „besetzt" werden, damit keine Assoziation hinsichtlich „Besitz" der Händler stattfindet. Zum anderen soll eine gewisse Modularisierung stattfinden. Sofern sich die Bedingungen bzw. die Auswahl der POIs verändert, können die Händler unabhängig vom generierten Spielfeld am Spiel teilnehmen. Somit kann das Framework auch in einem anderen Zusammenhang verwendet werden. Es kann zusätzlich eine feine Selektion der teilnehmenden Händlern stattfinden. Die Integration eines Leaderboards ermöglicht es den Spielern sich mit geografisch- und punktnahen Spielern zu messen. Dies ist vor allem für die Spielertypen Achiever und Killer relevant. Diesen wird darüber hinaus die Möglichkeit gegeben gezielt Spielern zu schaden, wenn sie explizit Flaggen eines bestimmten Spielers angreifen.

Für die Anforderungen des Geogameframeworks wurde entschieden, dass die Spielfelder unabhängig vom darauf aufbauenden Spiels generieren werden sollen. Das Beispiel Spiel agiert somit Proof of Concept des darunterliegenden Frameworks. Es soll ein Webframework verwendet werden, welches die Daten über eine Schnittstelle dem Spiel zur Verfügung stellt. Dabei sollen bestehende Technologien genutzt werden um den Implementierungsaufwand auf das Framework zu konzentrieren und nicht auf die Tools für die Konfiguration und Darstellung. Für die Basis der Geodaten wird auf OSM zurückgegriffen werden, und die damit verbundenen Lizenzanforderung der Verfügbarkeit der verwendeten Daten analog über eine Schnittstelle erfolgen. Die Daten selbst werden nicht über die OSM API, sondern die Overpass API ausgelesen, da diese spatiale Abfragen erlaubt. Für die Auswahl der Spielelemente wird ein Hybrid Ansatz gewählt. Bei diesem wird ein Teilselektion der Spielelemente ausgelagert. Die Idee ist es dabei in Echtzeit während des Spielverlaufs Spielfelder erzeugen zu können und gleichzeitig eine Evaluation der Spielfelder zu bieten. Hierzu wird demjenigen, der ein Spiel durchführen möchte, ein Tool an die Hand gegeben, welches für bestimmte Regionen OSM key-value Paare evaluiert. Durch die Festlegung auf ein spezielles Tag für die Selektion der Daten kann der Veranstalter wiederum durch eine einfache Konfiguration eines Parameters, sicherstellen, dass die Spielfelder homogen über verschiedene Orte funktionieren. Im Framework selbst wird der Tag dann für die Extraktion der Spielelemente verwendet und wiederum intern durch die in Kapitel 4.1 beschriebene Transformation umgewandelt. Bei der Transformation wird jedoch das einfache arithmetischen Mittel der umfassenden Bounding Box gewählt, da dieses auch bei größeren Datenmengen zu einem zufriedenstellendem schnellen Ergebnis führt. Hierzu werden wie beschrieben Relation und Ways in virtuelle Nodes aufgelöst. Da Relationen selbst wiederum Relationen, Ways und Nodes enthalten können, müssen diese rekursiv aufgelöst werden. Hierzu werden Ways zu einer Liste von Nodes aufgelöst und zu einem virtuellen Node aggregiert. Dies wurde durch passende Tests evaluiert und basierend auf den Laufzeiten entschieden. Hierbei ist anzumerken, dass die Ladezeit des Spielfeldes auf einem mobilen Client zum Großteil aus dem Laden der Maptiles besteht. Eine Verzögerung von mehr als 400ms im Spiel wird vom Benutzer wahrgenommen und als störend empfunden.[Gut+04] Daher ist es unerlässlich eine schnelle Generierung der Spielfelder sicherzustellen. Eine Möglichkeit um dieses Problem zu umgehen wäre das Caching der Ergebnisse. Gegen dieses wurde sich jedoch bewusst entschieden. Für jedes von OSM ausgelesene Objekt würde eine Persistierung in der lokalen Datenbank stattfinden. Dies ist auch der Fall, wenn keinerlei Interaktion mit diesem stattfindet. Um nur ein Bruchteil der Daten speichern zu müssen und somit die Datenbank zu entlasten, wurde sich gegen ein Caching entschieden. Ein weiterer Grund ist die Tatsache, dass eventuelle Änderungen der Daten bei OSM mit einem Aktualisierungs-Mechanismus übertragen werden müssten. Das Framework selbst wird als webbasiertes Framework umgesetzt. Zwar ist dann der Einsatz diverser Hardware Funktionen auf Seiten der Smartphones nicht möglich, aber der Entwicklungsaufwand wird erheblich reduziert. Zudem ist die Anwendung auf alle aktuellen Mobilen Betriebssystemen verwendbar.

Für die Interaktion mit dem Händler ist vorgesehen, dass der Spieler geografisch in die Nähe kommt. Er soll die jeweiligen Läden der Händler explizit besuchen. Da durch die Nutzung einer webbasierten Lösung die Hardware wie Bluetooth, NFC oder Kamera des Smartphones nicht zu Verfügung stehen, muss auf die GPS Daten zurückgegriffen werden. Hierbei stellt sich allerdings die Herausforderung, dass der GPS Empfang in Gebäuden je nachdem nur schlecht oder gar nicht vorhanden ist. Gleiches gilt für die mobile Datenverbindung. Daher bietet es sich als Option an, mit Coupon-Code zu arbeiten. Der Spieler erhält diesen vom Händler, welchen er dann später, sobald er wieder mobilen Datenempfang hat, in das Spiel eingeben kann. Danach erhält er das jeweilige Item. Darüber hinaus funktioniert diese Methode auch ohne Probleme mit älteren Smartphones. Die Coupon-Codes kann der Händler gegen eine Gebühr vom Spielbetreiber erhalten. Vorstellbar wäre z. B. 100 € für 100 Interaktionen. Vergleicht man diese Preise mit den üblichen Kosten für Cost-Per-Click (CPC) Werbung wie z. B. bei Google Adwords, so bietet sich dem Spielbetreiber hier eine kostengünstige und effektive Möglichkeit die Spielinfrastruktur und den operativen Betrieb zu refinanzieren.[GSS10] Für den Begriff Supermarkt im Raum Hamburg sind CPC von 1-2 € der Durchschnitt. Auch im Raum Bamberg fallen

Kosten von 0,5 € an.[2] Im Gegenzug erhält der Händler eine physische Interaktion des Spielers mit dem Framework. Diese ist wertvoller, als der Aufruf seiner Homepage. Ein direkter Kontakt des Spielers mit dem Point of Sales wird eher zu einem Kauf führen als der Besuch einer Homepage. Hier wird auch die Problematik zwischen Online und Offline bewusst aufgegriffen. Der offline Händler kann somit aktiv vom Internet profitieren und dem Internet affinen Nutzer einen Mehrwert bieten. Beispielsweise könnte der Händler die Coupon Codes z. B. auf dem Kassenzettel unterbringen. Damit gibt sich dem Händler zusätzlich die Möglichkeit direkte Käufer zu belohnen.

Für das Beispiel Spiel werden die Itemtypen nicht näher festgelegt. Testweise wird ein Itemtyp eingeführt werden, welcher die maximalen Aktionspunkte temporär um 10 anhebt. Dies soll dem Spieler ein taktisches Vorgehen ermöglichen.

---

[2]Google Adwords Keyword Planer – Abruf am: 05.03.2014

5. Umsetzung

5.1. Erläuterung des Softwaretechnischen Entwurfs

Für die Softwaretechnische Umsetzung wurden zunächst die Anforderungen an das Geogameframework in Kapitel 4.1 und die gewählte Lösung aus Kapitel 4.2 im Detail evaluiert. Für die Umsetzung des Entwurfs wurde zunächst ein Entwurfs des Prozesses identifiziert, welcher die Geodaten aus OSM bis hin zur Darstellung im Beispiel Spiel darstellt. Eine Visualisierung ist in Abbildung 5.1 zu sehen.

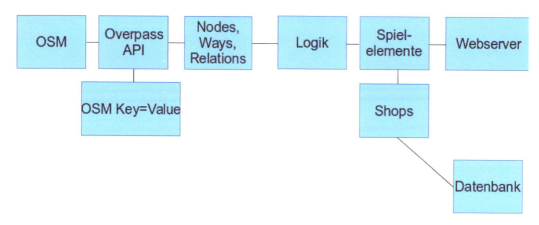

Abbildung 5.1.: Prozess – Von OSM zum Spielelement

OSM und Overpass API

Zunächst steht zu Beginn des Prozesses als Datengrundlage OpenStreetMap. Die Daten werden allerdings nicht direkt von OSM über die OSM API abgerufen, sondern über Overpass. Das liegt daran, dass die OSM API selbst nur sehr rudimentäre Abfragen erlaubt. Stattdessen wird die Overpass API verwendet, da diese geografische Abfragen erlaubt.[MTS13] Diese Abfragen sind notwendig, für die Anforderung notwendig, da die Spielelemente basierend auf einem OSM Key-Value Paar ausgelesen werden sollen. Darüber hinaus wird die Transformation der Relations und Ways in Nodes einfacher ermöglicht. Durch die Verwendung der Overpass QL-Abfrage Sprache (OQL) ist es möglich nicht nur die jeweiligen Relations, Ways und Nodes eines Tags zu erhalten, sondern auch zusätzlich alle rekursiv enthaltenen Elemente. Dadurch erhält man den kompletten Datensatz mit einer Abfrage. Dieser ist für die spätere Transformation nötig. Der Vorteil liegt darin, dass nicht mehrere Abfragen gestartet werden müssen und sich somit die Zeit bis alle Daten zur Verfügung stehen, erheblich reduziert. Die Overpass API selbst bietet diverse Ausgabe-Formate wie XML und JSON.[Olb14] Für eine konkrete Umsetzung wurde sich bewusst für JSON entschieden. JSON bietet eine deutlich höhere Performance bei der Verarbeitung von JSON Dokumenten im Vergleich zu XML Dokumenten.[Nur+09] Darüber hinaus ist das Zielformat GeoJSON und es entfällt eine zusätzliche Transformation. Der Aufruf der OverpassAPI erfolgt mittels einfacher REST-Abfrage:

```
http://overpass-api.de/api/interpreter?data=OQL_BEFEHL
```

Über den Parameter „data" wird der jeweilige OQL Befehl abgesetzt. Für die Weiterverarbeitung der Daten wird im Anschluss das JSON Ergebnis vom Framework geparst und weiterverarbeitet.

Transformations Logik

Die Transformation der Relations und Ways wird wie in Kapitel 4.2 umgesetzt. Eine Visualisierung ist in Abbildung 5.2 zu sehen.

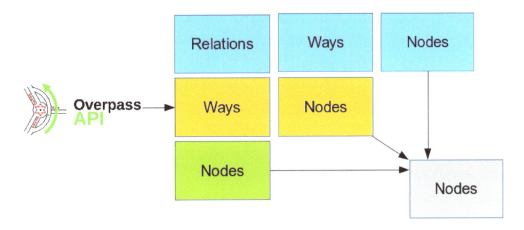

Abbildung 5.2.: Transformationsprozess: Relations, Ways, Nodes

Auf der linken Seite sind vertikal die Ausgangstypen angeordnet. Hierbei handelt es sich um die bereits angesprochenen Elemente Relations, Ways und Nodes. Im ersten Schritt werden die Daten der Overpass API aufbereitet. Danach werden alle Relations behandelt. Die Ways und Nodes, werden anschließend bearbeitet. Hiermit sollen zunächst alle Ways und Nodes identifiziert werden, welche direkt einer Relation angehören und keine separaten Spielelemente darstellen. Die Vorgehensweise ist damit begründet, dass die Anzahl der Anfragen für ein Spielfeld auf eine einzige reduziert wird. Somit enthält die Antwort alle Ways und Nodes. Die Nodes einer Relation, als auch die eines Ways, welche selbst nicht eigenständig sind werden zuerst ignoriert. Daher müssen die Elemente nacheinander, wie in Abbildung 5.2 zu sehen, abgearbeitet werden.

Zunächst werden alle Relationen bearbeitet. Für jede Relation werden nun die beinhalteten Ways und Nodes identifiziert. Relations selbst werden nicht rekursiv aufgelöst, da es nicht das Ziel ist möglichst wenige Spielelemente zu haben, sondern die Relationen zu transformieren. Sollten Relations mehreren Unterrelations haben, so sollen diese als Eigenständige Elemente betrachtet werden. Sofern sich dieser Ansatz als nachteilig in der Evaluation herausstellt, muss er modifiziert werden. Für die jeweilige Iteration eines Relation Elements werden alle beteiligten Ways und Nodes zu einer Liste von Nodes zusammengefasst. Diese Liste wird wiederum durch das in Kapitel 4.2 beschriebene Verfahren auf ein virtuelles Node reduziert. Hierzu wird für die Bounding Box der Mittelpunkt berechnet, welcher die Relation repräsentiert. Dieses virtuelle Node hat eine Koordinate, sowie eine ID welche es eindeutig identifizieren lässt. Hierzu wird die Relations ID von OSM verwendet.

Im nächsten Schritt werden die Ways abgearbeitet. Ways, die bereits in einer Relation enthalten sind, werden ignoriert. Alle anderen Ways werden jeweils zu einer Liste von Nodes und anschließend zu einem virtuellen Node transformiert. Hierbei entsteht wieder eine Koordinate und als ID wird die OSM Way ID verwendet.

Die als Node vorliegenden Elemente können direkt übernommen werden. Sie werden in Spielelemente, hier durch das graue Nodes Element symbolisiert, transferiert. Hierzu wird die Koordinate, sowie die OSM ID der Nodes übernommen.

Eine Problematik stellt sich in der eindeutigen Identifizierung der virtuellen Nodes. Da diese von unterschiedlichen Elementen (Relatons, Ways, Nodes) abgeleitet wurden, muss sichergestellt werden, dass anhand der ID eine eindeutige OSM Zuordnung möglich ist. Entweder es wird zusätzlich der abgeleitete Typ des Spielelements explizit gespeichert oder man transcodiert die Information mit in die ID. Wenn man sich zunächst die OSM IDs für Nodes anschaut, stellt man fest, dass diese die 32 Bit signed Integer Grenze überschritten haben (Februar 2013). Im OSM Wiki wird daher empfohlen den Datentyp long zu verwenden, welcher in den Standard-Implementierungen ein 64 Bit Wert ist.[Ope13a] Eine Möglichkeit den Typ des Spielelements zu übertragen ist die Verwendung einer Bitmaske, welche den Typ in der ID codiert. Hierzu könnte man die den 2. und 3. Bit eines 6 4 Bit long Wertes verwenden. Der 1. Bit wird nicht verwendet um negative Zahlen weiterhin zu erlauben. Der 2. Bit würde als Identifikator für Relations dienen und der 3. für Ways als Ursprungselement. Ein Beispiel für den transformierten Way mit der OSM ID 1 ist in Abbildung 5.3 zu sehen.

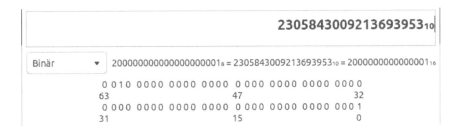

Abbildung 5.3.: OSM ID: Bitmaskenkodierung im 64 Bit long Wert

Wenn man die Reduzierung von 63 Bit (signed) auf 61bit(signed) mit der aktuellen Mapping Geschwindigkeit bei OSM vergleicht, so lässt sich feststellen, dass die Reduzierung um 2 Bit aus Paradigmensicht zwar unsauber erscheint, aber eine Überschreitung der ID 2^{61} in ferner Zukunft liegt. Zudem könnte im Bedarfsfall, wenn OSM auf 128 Bit IDs umsteigt, die Bitmaske angepasst werden.

Händler Integration

Nachdem die virtuellen Nodes für die Spielelemente erstellt wurden, müssen die Elemente um die Händlern POIs ergänzt werden. In Kapitel 4.2 wurde erläutert, dass die Händler nicht als aktives Spielzielelement verwendet werden sollen, sondern als eine Integration der Händler und Dienstleister im Spiel als Repräsentation ihrer selbst. Die Händler fungieren in diesem Zusammenhang als Anbieter für Items und andere Gegenstände. Für die spätere Darstellung auf der Karte müssen diese ebenfalls mit einer Koordinate versehen werden und separat behandelt werden. D.h. die Spielpunkte der Händler kommen stattdessen aus einer lokalen Datenbank. Dabei wird bewusst auf die Verwendung von OSM als Basis verzichtet. Zwar könnte man in einer erweiterten Version des Frameworks dem Nutzer unterstützen mit automatischen Vorschlägen basierend auf OSM, jedoch ist dies in der Grundfunktion nicht notwendig. Hier soll der Händler sich beliebig frei auf der Karte positionieren können und die Parameter seines virtuellen Geschäfts festlegen. Im Anschluss soll er die Items in seinem virtuellen Shop hinterlegen können. Da die Items eventuell vom Händler gegen einen Betrag vom Spielleiter erkauft werden, hat der Spielleiter ein Interesse an der Verwendung der Items im Spiel. Allerdings muss auch sichergestellt werden, dass auf der anderen Seite das Spiel nicht in einen unausgeglichenen Zustand gerät. Wenn zu viele Spieler die Items eines Händlers bevorzugt werden, kann dies zu Frust bei den benachteiligten Spielern führen. Daher sollte es im Ermessen des Spielleiters liegen, dass dieser die Art und Verwendung der Items selbst definiert und Vorschläge für die Händler parat hat. Dass der Händler sich selbst mit Spielmechaniken und Balancing auseinander setzt, ist höchst unwahrscheinlich und würde nur zu mehr Koordinationsaufwand führen. Daher ist es am sinnvollsten dem Händler gewisse Items mit Standard-Eigenschaften anzubieten. Von diesen wiederum kann er einen Typ auswählen und eine Menge seinem virtuellen Shop zuordnen. Für die Itemtypen kann der Spielleiter aller Voraussicht nach auf Erfahrungen seinerseits zurückgreifen. Darüber hinaus sollte das Framework ihm in einer erweiterten Ausbauphase auch Feedback über die Verwendung und Nutzung der Items aufzeigen. Aufgrund dieser Informationen können dann Rückschlüsse auf das Balancing gezogen werden.

Persistenz

Ein wichtiger Aspekt des Frameworks stellt die Persistenz dar. Es müssen die Spielelemente, sowie der Spielzustand selbst gespeichert werden. Die Daten für die Spielelemente stammen aus OSM und von der lokalen Datenbank. Da die OSM-Daten transformiert werden, stellt sich die Frage ob dieser Prozess beschleunigt werden kann, wenn die Daten in der Datenbank lokal zwischengespeichert werden. In Kapitel 4.2 ist bereits auf diesen Aspekt eingegangen worden. Die Problematik die sich durch eine Zwischenspeicherung stellt ist die Aktualisierung der Daten. Die lokalen Daten müssten mit einem Zeitstempel versehen und gehalten werden, bis diese „verfallen". Darüber hinaus müssten diese nach dem Verfallszeitpunkt gelöscht oder aktualisiert werden. Ein Caching kann sinnvoll sein, sofern das Framework für ein Spiel mit einer kritischen Masse an Spielern verwendet wird. Allerdings ist eine Evaluation und Untersuchung des Frameworks auf Hochskalierbarkeit nicht Bestandteil der ersten Ausbaustufe. Ein weiterer Aspekt stellt die Datenmenge dar. Sofern im Framework alle abgefragten OSM-Daten in der Datenbank hinterlegt werden, ohne dass diese eine Zustandsveränderung erfahren haben, ist dies zwar modelltechnisch korrekt, allerdings aus Performance und Platzgründen nicht zu empfehlen. Da das Framework dem Spielleiter so wenig Aufwand wie möglich machen soll, ist zu verhindern, dass dieser sich um die Datenbank und Speicherplatz Probleme kümmern muss. Ein gutes Beispiel hierfür stellt auch das OSM Projekt selbst dar. Die bekannte Kartendarstellung verwendet zur Anzeige die Tiles. Diese Tiles werden auf Basis der OSM-Daten gerendert. Ein erster Ansatz wäre das Rendern aller Tiles. Allerdings dauert der Renderprozess mehrere Tage und Aktualisierungen auf der Karte würden immer nur mit mehreren Tagen Verzögerung angezeigt werden. Hinzu kommt die Tatsache, dass nur ein Bruchteil der Kartendaten auch tatsächlich angeschaut wird (<2% [HW08]). Daher werden die Karten-Bilddaten in Echtzeit gerendert und nach einer gewissen Zeit wieder verworfen. Daher ist es auch beim Framework nicht sinnvoll alle Daten zu speichern, sondern nur die Spielelemente mit denen ein Spieler aktiv interagiert. Die Daten der Händler werden separat gespeichert. Sie befinden sich ebenfalls in einer Datenbank, besitzen allerdings im Vergleich zu den Spielelementen eine Persistenz unabhängig von ihrer Interaktion mit den Spielern.

Schnittstellen

Ein Framework benötigt passende Schnittstellen über die es Funktionen und Daten nach Außen hin zur Verfügung stellt. Zunächst muss geklärt werden, wie die Daten verwendet werden sollen. Für das Beispiel Spiel ist die Darstellung der Karte über eine Website vorgesehen. Unabhängig von der später verwendeten Technologie müssen in diesem Fall sowohl die Spielelemente, als auch die Händlerdaten vom Framework zur Verfügung gestellt werden.

Zur Verdeutlichung wird an dieser Stelle die Entscheidung für eine Technologie in Abbildung 5.4 auf das nachfolgende Kapitel verlegt.

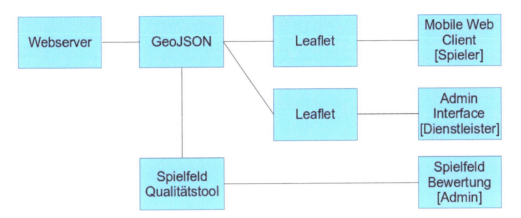

Abbildung 5.4.: Visualisierte Schnittstellen des Frameworks

Die Wahl des Formats für den Export der Spielelemente und Händlerdaten ist auf GeoJSON gefallen. Dies ist mit den Daten von OSM und Overpass, welche als JSON im Framework ausgelesen werden begründet. Darüber hinaus verwendet eine Vielzahl der aktuellen Frameworks und Tools dieses Format. Während das offene Format WKT für die reine Repräsentation von Geodaten dient,[Sto03] bietet das GeoJSON Format zusätzlich die Möglichkeit Properties in einem Geo Objekt zu speichern.[But+08] Über diese kann das Framework wiederum Informationen, wie z. B. die codierte OSM ID und Informationen zum Spielelement, übertragen.

Generell werden die Informationen des Frameworks für drei verschiedene Module benötigt. Zunächst einmal gibt es den Spielclient bzw. dessen Oberfläche. Dieser benötigt die Daten für das Staging des Spiels selbst. Über die Spieloberfläche interagiert der Spieler mit dem Spiel. Er sieht die aktuelle Karte, sowie die darauf platzierten Objekte. In diesem Fall sind dies die Spielelemente sowie die einzelnen Händler. Die Spielelemente selbst stellen im Beispiel Spiel die sogenannten Prestige Flaggen dar.

Ein weiteres Modul stellt die Administrationsoberfläche dar. Diese dient dem Spielleiter sowie dem jeweiligen Händler zur Konfiguration des Spiels. Im Detail kann der Spielleiter die Spielitems definieren, neue Händler anlegen und diese auf der Karte positionieren. Der Händler kann seine Metadaten pflegen und die Items, welche er in seinem virtuellen Laden anbieten möchte, selektieren. Bei Fehlern oder Aktualisierungen kann der jeweilige Administrator (Spielleiter oder Händler) diese problemlos anpassen. Für die Positionierung der virtuellen Läden auf der Karte wird ebenfalls analog zum Spielfeld eine GeoJSON Schnittstelle zum Einsatz kommen.

Das letzte Modul stellt die Evaluierung der Spielfelder dar. Hierbei wird die gleiche Schnittstelle verwendet, wie für die Aufbereitung des Spielfeldes. Das Tool bietet die Möglichkeit die importierten Spielfelder mit einem Algorithmus zu bewerten. Dieses Tool wird in Kapitel 6.2 in vorgestellt. Über dieses wird das ideale Key-Value Paar für die OSM Tag Selektion eines Spielfeldes evaluiert. Dies soll dem Spielleiter die Möglichkeit einer objektiven Bewertung der Spielfelder ermöglichen.

Darstellung

Da das Framework für ortsbezogene Spiele verwendet werden soll, ist es daher unerlässlich dem Spieler und den Administratoren eine Visualisierung zu bieten. Zunächst gibt es das Spielfeld. Das Spielfeld verwendet im Hintergrund Kartenmaterial von OSM, auf das die einzelnen Elemente platziert werden. Die Karte selbst wird initial auf die (GPS-)Korrdinaten der Spielerposition zentriert. Dadurch ist es dem Spieler möglich sich direkt von seiner Position aus zu orientieren. Die auf der Karte eingezeichneten Elemente, wie Flaggen und Händler, kann der Spieler problemlos identifizieren und zu Fuß aufsuchen. In Abbildung 5.5 ist ein Mockup der Kartenoberfläche zu sehen. Je nach Flaggenstatus werden die Flaggen unterschiedlich farbig dargestellt. Das Ziel ist es neutrale Flaggen grau, feindliche Rot und eigene grün darzustellen. Damit erhält der Spieler automatisch einen Überblick über die Situation und kann auch durch das Zoomen auf der Karte seine weiteren Spielzüge planen. Neben den Spielelementen werden dem Spieler die aktuellen Punkte angezeigt. Diese werden im Beispiel Spiel durch das einfache Addieren der Prestige der Flaggen im Spielerbesitz berechnet. Des weiteren wird dem Spieler eine Auswahl für sein Inventar angezeigt werden. Über dieses kann er sich nicht nur alle Items in seinem Besitz anzeigen lassen, sondern auch diese verwenden. In einem späteren Ausbau des Frameworks sollen darüber hinaus Items mit anderen Spielern getauscht werden können. Sofern der Spieler mit einer Flagge interagiert, wird ihm die aktuelle Prestigezahl der Flagge angezeigt. Je nachdem ob ihm die Flagge bereits gehört oder diese einem fremden Spieler angehörig ist, kann der Spieler diese „angreifen". Durch den Angriff werden die Aktionspunkte des Spielers auf die Flagge transferiert. Ist die Flagge im Besitzt eines anderen Spielers, so sieht der Spieler dies durch die aktuelle Farbgebung und kann durch den Einsatz seiner Aktionspunkte die Prestigezahl reduzieren, was direkt angezeigt wird. Für die Interaktion mit den Händlern steht dem Spieler ein Menü zur Verfügung. Dieses erscheint, sobald der Spieler auf einen Händler klickt. Danach öffnet sich ein Menü über das der Spieler eine Übersicht der verfügbaren Items und deren Spielpreise erhält. Sollte der Händler Items, wie in Kapitel 4.2 beschrieben Coupons anbieten, so kann der Spieler diese an gegebener Stelle eingeben.

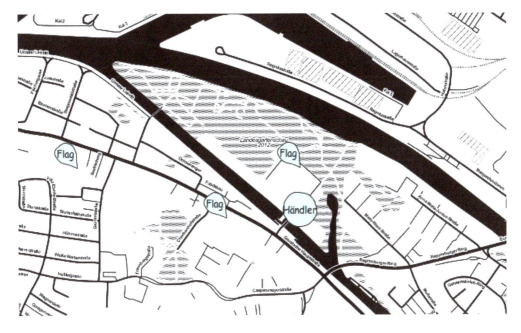

Abbildung 5.5.: Spielfeld Mockup

Der Administrationsbereich für den Spielleiter und den Händler arbeitet separat vom Spielfeld. Je nachdem, ob Items oder Händler im System gepflegt werden sollen, wird dem Benutzer eine passende Liste präsentiert. Beim Items Menü erhält der Benutzer eine Übersicht über alle Items die dem Spiel zur Verfügung stehen. Hierbei handelt es sich allerdings nicht um Itemtypen sondern direkt um die instantiierten Items selbst. Die Idee dahinter ist es, dem Spiel die Möglichkeit zu bieten auch einzigartige Items zu enthalten und sicherzustellen, dass ein Item jeweils auch immer als solches im System behandelt wird. Über die Liste gibt es die Option die bestehenden Items zu modifizieren oder zu entfernen. Neue Items können über eine

Schaltfläche angelegt werden. Dabei wird dem Benutzer eine Oberfläche präsentiert und über Metadaten das Item genauer spezifiziert. Hier können der Name, Itemtyp und der dafür zu zahlende Preis gepflegt werden.

Möchte der Benutzer dahingegen Händler pflegen, so erhält er zunächst analog zu den Items eine Übersicht der einzelnen Händler. Diese kann er analog zu den Items modifizieren und löschen. Das Anlegen eines neuen Händlers ist genauso aufgebaut wie bei den Items. Der Unterschied liegt jedoch darin, dass es sich bei den Händlern nicht um einfache Formularfelder handelt, sondern auch zusätzlich eine Georepräsentation stattfinden muss. D.h. es muss die Positionierung des Händlers auf einer Karte erfolgen. Hierzu wird eine Art „Picker" verwendet. Auf einer OSM Karte soll der Benutzer die Position des Händlers definieren. Für eine Korrektur der Position reicht es aus, wenn der Benutzer einfach den Marker auf der Karte mit der Maus ergreift und per Drag and Drop auf seine neue Position bewegt.

Technischer Entwurf

Nachdem die Anforderungen beschrieben wurden, muss der softwaretechnische Entwurf konkretisiert werden. Um die Software abzubilden zu können muss zunächst ein Modell entworfen werden, welches die Software abbildet. Die Prozesse des Frameworks wurden bereits in Abbildung 5.1 sowie 5.4 visualisiert.

Zu Beginn einer Systementwicklung müssen die Usecases und die beteiligten Akteure identifiziert werden. Hierfür wurde zu Beginn überlegt, welche Personen Zugang zum System haben sollen und welche Aufgaben diese am System erfüllen. Dadurch wird sichergestellt, dass alle Aspekte behandelt werden, nicht nur die im initialen Lösungsansatz. Diese sind wichtig für den späteren Entwurf des Systems, sowie deren Umsetzung. Die Usecases lassen sich als Diagramm wie in Abbildung 5.6 sichtbar definieren.

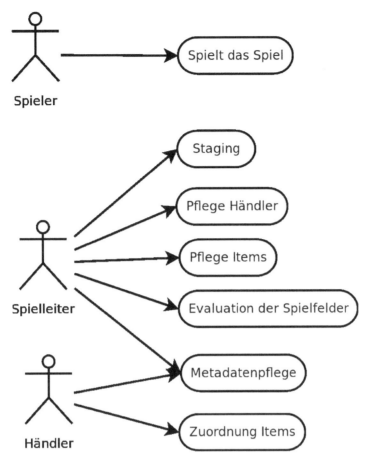

Abbildung 5.6.: Usecase Diagramm

Zunächst lässt sich feststellen, dass es drei Akteure gibt. Diese decken sich soweit mit dem Lösungsansatz. Der Spieler hat das Ziel das Spiel zu spielen. Der Spielleiter hingegen sieht es vor die Durchführung des Spiels mit dem Framework zu bewerkstelligen. Hier muss er die Händler als auch Items pflegen. Darüber hinaus teilt er sich mit dem Händler die Metadatenpflege, da je nach Situation der Spielleiter mehr oder weniger in die individuelle Pflege der Händlerdaten eingebunden ist. Der Händler möchte zusätzlich seine Items, die er vom Spielleiter zugewiesen bekommen hat, auf seine virtuellen Läden verteilen. In der Grundfunktion des Framesworks sind nur diese Benutzer vorgesehen. In einer zweiten Ausbaustufe des Frameworks ist es sinnvoll explizite Nutzerrollen einzuführen um eine detailliertere Rechtezuweisung zu ermöglichen.

Durch die Verwendung einer objektorientierten Programmiersprache ist es notwendig die dazugehörigen Klassen zu definieren. Diese dienen dazu, Objekte abzuleiten und die jeweiligen Methoden von diesen zu nutzen. Es muss sichergestellt werden, dass die Beziehungen zwischen den Klassen modular sind, damit ein einfacher Zugriff und eine Austauschbarkeit gegeben ist. Um einen Einblick in die Struktur des Frameworks zu erhalten wird in diesem Abschnitt kurz auf die wichtigsten Aspekte eingegangen.

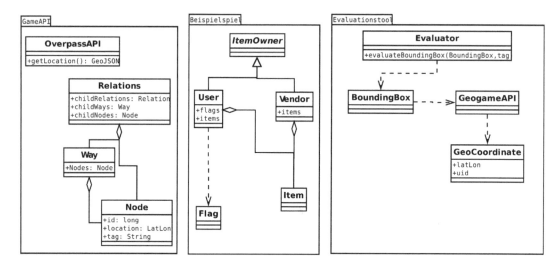

Abbildung 5.7.: Vereinfachtes Klassen Diagramm

In Abbildung 5.7 ist ein vereinfachtes Klassendiagramm des Frameworks zu sehen. Das Framework als solches besteht aus drei Modulen. Zunächst gibt es den Bereich GameAPI. Es handelt sich nicht um die OverpassApi selbst, da Overpass selbst nur eine Webschnittstelle ist. Die beschriebene API ist die Implementierung der Schnittstelle im Framework selbst. Sie liefert das Ergebnis Transformation der Elemente Relations, Ways und Nodes aus dem Ergebins der Overpass-API. Diese werden wiederum durch den bereits beschriebenen Ansatz transformiert, in dem eine Umcodierung in virtuelle Nodes erfolgt. Im gleichen Zug wird überprüft, ob es persistierte Daten für die virtuellen Nodes in der lokalen Datenbank gibt. Sind passende Daten vorhanden, so werden die virtuellen Nodes um die jeweiligen Properties ergänzt und anschließend als JSON bzw. GeoJSON ausgegeben. Im Anschluss werden diese über die Webschnittstelle des eigenen Frameworks ausgegeben. Für die Händler gibt es eine separate Schnittstelle im Framework, welche analog zur Overpass Implementierung fungiert. Die Daten sind nicht von Extern, sondern direkt in der fertigen Form aus der lokalen Datenbank. Zudem ist auch keine Transformation notwendig, da die Elemente bereits als fertige Nodes vorliegen. Dies ist möglich, da jeder Händler nur als einziger Punkt im Spiel repräsentiert wird.

Das nächste Modul ist das Beispiel Spiel. Das Beispiel Spiel selbst wurde einfach gehalten, da es zum einen als Proof of Conecept des Frameworks dienen soll und zum anderen der Fokus auf die Verteilung der Spielelemente auf dem Spielbrett untersucht werden soll. Es gibt vier verschiedene Objekte. Spieler, Händler, Flaggen und Items. Spieler und Händler stehen in einer polymorphen Verbindung zu Item. Beide Klassen leiten von einer abstrakten Klasse ItemOwner ab, welche Methoden vorhält die für die Interaktion als ItemOwner essentiell sind. Beispielsweise der Verkauf oder die Benutzung eines Items. Ein Item kann nur einem Spieler oder einem Händler angehören, niemals aber beiden gleichzeitig. Es gibt darüber hinaus die Möglichkeit, dass ein Item ohne ItemOwner existiert. Ein Beispiel könnte es sein, dass der Spielleiter für ein Event bestimmte Items auf der Karte ablegt oder zwei Spieler Items miteinander tauschen möchten.

Das letzte Modul stellt das sogenannte Evalutationstool dar. Mit diesem sollen die erzeugten Spielfelder analysiert und bewertet werden. Eine genauere Erläuterung der Funktionsweise ist in Kapitel 6.2 zu finden. Das Evaluationstool gereift zunächst auf die GeoJSON Schnittstelle des Frameworks zu. Dieses liefert bei einer Abfrage mittels Bounding Box und des OSM Tags, die Spielelemente zurück. Die Bounding Box wird auf Basis einer initialen Koordinate berechnet. Somit kann der Spielleiter einfach zwei Koordinaten definieren zu denen er gerne eine Auswertung interessanter Tags erhalten möchte. Das Evaluationstool startet im Anschluss den Vorgang und wandelt die Spielelemente in vereinfachte Objekte mit ID und Geo-Koordinaten um. Diese wiederum werden der jeweiligen Evaluationsmethode als Liste übergeben und deren Rückgabewert beschreibt die Kombination aus Bounding Box und OSM Tag.

Datenbank

Aufgrund der vorherigen Analysen wird normalerweise ein Entity-Relationship-Modell (ERM) erstellt. Allerdings soll der Einsatz eines Webframeworks erfolgen, welches ein Objektrelationales Mapping unterstützt und somit die manuelle Erstellung der Datenbankstruktur nicht vorgesehen ist. Dies wird unter der Annahme gemacht, dass das Framework später im Produktiv-Betrieb für die Datenspeicherung optional auf eine NoSQL Lösung umgestellt werden kann. Diese bieten eine bessere Performance bei einfachen Abfragen. Damit soll der, in der Literatur häufig kritisierte, Mismatch zwischen objektorientierter Programmierung und relationalen Datenbanken entgegnet werden.[Cat91]
Die geringe Verbreitung der objektorientierten Datenbanken liegt darin, dass nicht versucht wurde die bestehenden Datenbanken zu ersetzten. Stattdessen sind die bereits existierenden Datenbanken in Unternehmen nicht in neue objektorientierte Datenbanken transferiert worden. Der Grund hierfür liegt in den historisch gewachsenen Applikationen und Datenbanken, deren Umstellung einen sehr hohen Aufwand darstellen würde.[Bur94]

Ein weiter Aspekt ist die Tatsache, dass die objektorientierten Datenbanken nicht in jedem Aspekt besser sind als relationale Datenbanken. Es gibt Situationen in denen besitzen objektorientierte Datenbank Management Systeme klare Vorteile gegenüber den relationalen Datenbanken. Die objektorientierten Datenbanken spielen ihre Vorteile speziell bei der Abbildung von Beziehungen von Objekten untereinander aus. Bei einer sequentiellen Abfrage mehrerer Datensätze sind jedoch die Relationalen im Vorteil.[VKB06] Hier ist es notwendig den Zweck der zu speichernden Daten bzw. deren Verwendung zu untersuchen. Je nachdem kann der Einsatz von objektorientierten Datenbanken oder relationalen Datenbanken sinnvoll sein.

Vergleicht man die Verbreitung von objektorientierten Datenbanken in gewissen Einsatzgebieten, so lässt sich feststellen, dass diese trotz der in Summe geringen Verbreitung ein berechtigtes Dasein haben. Speziell in Geoinformationssystemen spielen objektorientierte Datenbank Management Systeme ein wichtige Rolle.[Bri05] Diese können deutlich einfacher komplexe Verbindungen zwischen den unterschiedlichen Objekten herzustellen und ermöglichen eine Veränderung dieser Beziehungen in einem Bruchteil der Zeit.

Weitere Aspekte

Ein weiterer Aspekt stellt die Optimierung der Anfragen an die Overpass Api Schnittstelle des Frameworks seitens des Spielfeldes dar. In der Grundvariante des Frameworks stellt das Spielfeld jeweils eine Anfrage als Bounding Box an die Schnittstelle, um die aktuellen Spielelemente für den jeweiligen Kartenausschnitt zu erhalten. Eine Optimierung dessen wäre die Verwendung von dynamischen erweiterten gecachten Bounding Boxen. Das bedeutet, dass bei einer Abfrage zunächst die Bounding Box am Rand um einen vorgegeben Wert erweitert wird. Die zusätzlichen abgefragten Spielelemente werden allerdings nicht direkt angezeigt. Bewegt der Spieler nun das Spielfeld, wird überprüft ob der aktuelle Kartenausschnitt sich noch innerhalb der dynamisch erweiterten Bounding Box befindet. Ist dies der Fall, so spart sich das Spiel einen zweiten Request. Dies hat zweierlei Vorteile. Der erste stellt eine Reduzierung der HTTP Request auf der Clientseite dar. Speziell bei ortsbezogenen Spielen ist der Empfang beim Spielen öfters eingeschränkt und nur GPRS oder EDGE seitens Mobilfunkanbieter verfügbar. Durch die Reduzierung der Requests wird die Spielperformance verbessert. Ein anderer Aspekt ist die Reduzierung der Anfragen auf der Server Seite. Es verbessert deutlich die Skalierbarkeit und ermöglicht somit mehr Spieler mit einem einzigen Server bedienen zu können.

5.2. Bewertung der Technologien und Werkzeuge

Nachdem der Softwaretechnische Entwurf erstellt wurde, muss untersucht werden welche Technologien und Werkzeuge für die Umsetzung des Frameworks am besten geeignet sind. Zunächst stellt sich die Frage in welcher Programmiersprache das Framework umgesetzt werden soll. Diese Frage lässt sich anhand der Anforderungen eingrenzen. Zunächst muss eine Website erstellt werden, welche ein Staging des Beispiel Spiel erlaubt und gleichzeitig die Spieldaten über eine Webschnittstelle exportieren kann. Hiermit lässt sich die Auswahl auf diverse Sprachen reduzieren, welche eine Erstellung dynamischer Webseiten erlauben. Die nachfolgende Aufzählung nennt die aktuell verbreitetsten Sprachen [WWW14; DD08]:

- PHP (81.8%)

- ASP.NET (17.8%)

- Java (2.7%)

- ColdFusion (0.8%)

- Perl (0.6%)

- Ruby (0.5%)

- Python (0.2%)

- JavaScript (0.1%)

Das Framework kann auf allen der genannten Sprachen umgesetzt werden. Das Ziel ist es aber bevorzugt auf OpenSource Technologien zurückzugreifen, da diese ohne Lizenzkosten sind und meist eine gute Dokumentation bieten können. Damit fallen ASP.NET und ColdFusion aus der engeren Auswahl. Ein weiteres Kriterium stellt die Verwendung eines Web Frameworks dar. Ziel ist es das Framework zu implementieren und den Aufwand für andere Aspekte auf einem Minimum zu halten. Darüber hinaus reduzieren Web Frameworks auch die Gefahren im Hinblick auf Sicherheit [LE07] und reduzieren den Implementierungsaufwand [Sch+01]. Für die verbliebenen Sprachen gibt es eine Vielzahl an Web Frameworks.[Wei+11] Eine komplette Analyse aller Sprachen, sowie deren Vor- und Nachteile ist nicht Bestandteil der Arbeit. Aus diesem Grund wird ein Framework ausgewählt, welches dem Autor vertraut ist und eine möglichst effiziente und schnelle Umsetzung des Frameworks ermöglicht.

In diesem Fall wurde sich daher für „Ruby on Rails" entschieden, einem Webframework welches auf der Sprache Ruby basiert. Ruby bietet darüber hinaus eine

Paketverwaltung analog zu den bekannten Paketverwaltungsystemen in etablierten Linux Distributionen.[BK07] Durch eine Versionskoppelung der Pakete kann sichergestellt werden, dass ein Projekt problemlos auf fremden Rechnern funktioniert, da fehlende Bibliotheken mit einem Befehl automatisch nachgeladen werden. Ein weiterer Vorteil ist die feste Verwendung des Model View Controller-Patterns.[TH06] Durch dieses wird sichergestellt, dass das Modell komplett unabhängig von der Darstellung ist. Dies ist auch für das zu entwickelnde Framework wichtig. Speziell um konkrete Funktionen über Schnittstellen und Dialoge zur Verfügung zu stellen. Allerdings ist zu beachten, dass es sich in Webframeworks, in diesem Fall auch bei Rails, um eine abgewandelte Form des MVC namens Model2 handelt.[Qiu02] Der Controller wird mit dem Seitenaufruf angestoßen und interagiert mit dem Model. Im Anschluss verwendet der View die Ergebnisse/Daten des Controllers und rendert die Webseite.

Nachdem die Wahl des Webframeworks auf Ruby on Rails gefallen ist, wurden passende Bibliotheken für die Umsetzung des zu entwickelnden Frameworks gesucht. Die Vorteile fertiger Bibliotheken liegen darin, dass der Entwickler nicht nur Zeit bei der Entwicklung spart, sondern durch die Reduzierung seines Codeumfangs eine Reduzierung möglicher Fehlerquellen erreicht. Modere Bibliotheken wie JQuery für JavaScript und Compass für Sass bzw. CSS werden mit Rails direkt unterstützt. Auch die Unterstützung von Coffee Script und Sass sind bereits integriert.

Das Game Framework muss auf auf spatiale Operationen zurückgreifen. Hierfür wird auf das Gem „rgeo" zurückegriffen werden. Es handelt sich dabei um eine weit verbreitete Bibliothek die nicht nur mit geografischen Objekten umgehen kann, sondern auch direkt eine Anbindung von GIS-Datenbanken wie PostGIS, Spatialite und MySQL-Sptial erlaubt.[1]

Ein weiterer Aspekt stellt die Kartendarstellung dar. Für die Kartendarstellung selbst gibt es mehrere Ansätze. Die am weitesten verbreiteten sind die Google Maps API, Openlayers und Leaflet.[Der13] Mit der Google Maps API können auch OpenStreetMap Tiles als Layer geladen werden, jedoch sind der kommerziellen Nutzung Einschränkungen gesetzt. Darüberhinaus handelt es sich nicht um freie Daten. Da sich ein potentieller Spielleiter nicht mit den rechtlichen Problematiken und Lizenzvereinbarungen auseinander setzten sollte, werden kommerziell problematische Lösungen vermieden. Openlayers hat im Vergleich zu Leaflet eine längere Versionsgeschichte und bietet deutlich mehr Funktionen.[Ohl14] Allerdings ist OpenLayers mit 800KB deutlich größer als Leaflet mit 120KB. Das Ziel ist, das Framework speziell auch im Zusammenhang mit Smartphones zu nutzen. Hierbei ist es wichtig, dass nicht nur die Dateigröße der Bibliothek minimal ist, sondern auch eine möglichst

---

[1] http://dazuma.github.io/rgeo/ - Abgerufen am 03.03.2014

gute Funktionsweise auf Smartphones sichergestellt wird. Hier ist Leaflet deutlich moderner und besser angepasst. Beide Bibliotheken unterstützen GeoJSON und ermöglichen somit die einfache Einbindung von Geo-Objekten. Die Entscheidung fiel aufgrund der Anforderungen und ausreichenden Reife auf Leaflet. Auch für dieses gibt es bereits für Ruby ein passendes Gem, welches Leaflet direkt für Rails integriert „leaflet-rails".

Neben der Kartendarstellung ist es auch wichtig, alle Spieler einzeln zu identifizieren und für jeden Spieler eine „Spielsession" zu haben. Für die Benutzerverwaltung gibt es für Rails ebenfalls fertige Lösungen. Diese kann man für seine Bedürfnisse erweitern. Somit muss der Entwickler sich nicht um die Logik und Datenbankzugriffe für das Erstellen, Anlegen und Ändern von Benutzerdaten kümmern. Auch Funktionen, wie das Zurücksetzten eines Passworts sind bereits integriert. An dieser Stelle wurde sich für das Gem „Clearance" entschieden, da dies ausgereift ist und eine einfache Anpassung der Seitenbenutzer um zusätzliche Attribute ermöglicht, welche im Zuge des Frameworks hinterlegt werden sollen.

Für die Schnittstellen welche das Gameframework anbieten soll, werden keine explizite Bibliotheken benötigt. Rails bietet automatisch die Möglichkeit für bestimmte Routen die passenden Dateiformate zu hinterlegen. Bei Routen handelt es sich bei Rails um Seitenpfade. Durch das Anlegen der Route „/flag/show/id" wird nach dem Aufruf des Flag Controllers mit der Methode show die View show aufgerufen. Durch die Defaulteinstellung werden automatisch zuerst die html Dateien gerendet sofern der Request nichts anderes fordert. Die View show.html.erb erhält somit nach dem Aufruf der show Methode ein Objekt mit der angegeben Id aus der Datenbank zurück. Möchte man allerdings das Element nicht als Webseite darstellen sondern als JSON Objekt, so legt man lediglich eine show.json.erb Datei an und kann direkt über die vorhandene JSON Bibliothek das Objekt als JSON serialisieren. Hier zeigt sich die Flexibilität und Einfachheit die sich durch die Kombination von Ruby und Rails ergibt. Dies macht das Webframework ideal für die Nutzung mit dem zu erstellendem Game Framework.

Für die Erstellung des Quellcodes kommt eine IDE und eine Softwareversionskontrolle zum Einsatz. Dies ist hilfreich um durch die Verwendung von Code Snippets sowie einer visualisierte Fehler-Erkennung und Lösung sicherzustellen. Für das Schreiben des Java-Quellcodes des Evaluationstools wurde auf Eclipse zurückgegriffen. Eclipse ist ein bewärtes Tool und dem Autor bestens vertraut. Eclipse bietet auch eine ausreichende Modularität durch die Installation von Erweiterungen über eine integrierte Verwaltung. Für die Entwicklung des Ruby on Rails-Codes wurde der grafische Text-Editor Geany verwendet. Da ein reiner Texteditor mit Syntax Highlighting und Code Completion keine Debugging Möglichkeiten bietet, wurde auf spezielle Rails Gems zurückgegriffen. Zunächst wurde das bewährte „Pry" Gem verwendet um ein einfaches Binding an der jeweiligen Code Stelle zu ermöglichen. Eine parallele Rails Console ermöglicht das Überprüfen von Active Record Abfragen, wie z. B. das Erfassen aller Punkte eines Spielers für die Status-Leiste. Für das direkte Debuggen von Fehlern zur Laufzeit wurde das Gem „better_errors" in Verbindung mit „binding_of_caller" verwendet. Dies ermöglicht es, ähnlich wie bei dem Debugmodus in Eclipse, direkt an der Stelle eines unbehandelter Fehler in den Code einzusteigen. Somit kann einfach die Stelle des Fehlers und die Werte der Variablen untersucht werden. Zudem kann mit einer interaktiven Konsole aktiv das Programm debuggt werden. Eine Darstellung ist in Abbildung 5.8 zu sehen. Dadurch ist es möglich, ohne den Rails Prozess zu stoppen, direkt Befehle zu testen und somit schneller die Ursache des Fehlers aufzufinden. Dies war vor allem im Zusammenhang der in Kapitel 5.3 erläuterten Probleme bei der Entwicklung hilfreich.

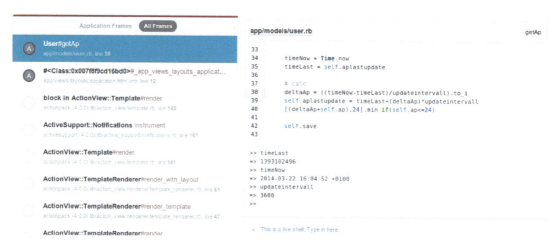

Abbildung 5.8.: Interaktives   Debugging   mit   „better_errors"   und
           „binding_of_caller"

Für die Entwicklung von Software ist es essentiell beliebig den Code wiederherstellen zu können und einfach neue Funktionen auszuprobieren. Diese Anforderung erfüllen Software Systeme zur Versionsverwaltung. Die Auswahl wurde auf ein Open-Source System gelegt. Am weitesten verbreitet sind zur Zeit Subversion und Git. Letzteres bietet Möglichkeit einer nicht linearen Entwicklung.[Bir+09] Die Wahl fiel speziell auf Subversion, da es im Gegenzug zu CVS das Versionsschema nicht auf einzelne Dateien, sondern auf das ganze Projekt bezieht. Dies hat den Vorteil, dass das Hinzufügen einer neuen Funktion nicht in der Hauptklasse Version 50 und in der Methodenklasse Version 70 gespeichert wird, sondern in einer gemeinsamen Version. Somit ist es für den Entwickler möglich den Zusammenhang zwischen den einzelnen Dateien direkt zu erkennen. Die Verwendung von Git wurde in Erwägung gezogen, aber Aufgrund der Tatsache, dass das Projekt nur einen Entwickler besitzt verworfen. Ein späterer Transfer in ein Git-Projekt ist problemlos mit „git-svn clone" ohne weiteren Anpassungen möglich. Der Transfer ist in jedem Fall zu empfehlen, gerade wenn das Framework später mit mehreren Entwicklern weiterentwickelt werden sollte.

5.3. Implementierung des Geogameframeworks

Realisierung

Nachdem alle Anforderungen, Schnittstellen und Werkzeuge des Frameworks festgelegt wurden, konnte mit der Umsetzung begonnen werden. Wie bereits in Kapitel 5.1 beschrieben lässt sich das Framework in drei Module unterteilen auf die im nachfolgenden jeweils eingegangen werden soll.

- GameAPI (Overpass API)

- Beispiel Spiel

- Evaluationstool

GameAPI

Die GameAPI stellt die API des GameFrameworks dar. Sie wird dazu verwendet um die Spielfelder aufzubauen. Es gibt diverse Funktionen die nach außen zur Verfügung gestellt werden. Dabei wird unterschieden zwischen den POIs (im Beispiel Spiel: Flaggen) sowie den lokalen Händlern. Der Aufruf der Schnittstelle erfolgt mittels REST mit nachfolgenden Parametern:

```
SITE_URL/overpass_api/getLocation.json?s=49&w=10&n=50&e=11&tag=highway=
bus_stop
```

Der Aufruf kann sowohl als GET als auch als POST Request durchgeführt werden. Die Parameter s, n, w und e sind sind Pflicht und beschreiben die angefragte Bounding Box. S steht hierbei für South (Bounding Box – Minimum Latitude), N für North (Bounding Box – Maximum Latitude), W für West (Bounding Box – Minimum Longitude) und E für East (Bounding Box – maximum Longitude).
Der letzte Parameter Tag ist optional und beschreibt den zu verwendenden OSM Tag. Wird der Tag nicht angegeben, so wird der im Framework hinterlegte Standard Tag verwendet. Ziel ist es den Standard Wert für das darauf aufbauende Beispiel Spiel zu verwenden. Der optionalen Parameter Tag soll für die Evaluation einzelner Tags genutzt werden. Nachdem der Aufruf erfolgt ist, wird das Ergebnis als GeoJ-

SON mit den Properties zurückgeliefert.

```
1  {
2    "type": "FeatureCollection",
3    "features": [
4      {
5        "type": "Feature",
6        "geometry": {
7          "type": "Point",
8          "coordinates": [
9            10.8748794,
10           49.9002723
11          ]
12        },
13        "properties": {
14          "popupContent": "Test",
15          "id": "301967628",
16          "user_id": "neutral",
17          "prestige": 0
18        }
19      }
20    ]
21  }
```

Code 5.1: GeoJSON Response Location (Reduziert)

Wie in Code 5.1 zu sehen ist die Antwort der API analog zur GeoJSON Spezifikation.[But+08] In jedem Fall enthält ein GeoJSON ein Objekt. Enthält das GeoJSON mehr als ein Objekt, so sind diese in einer FeatureCollection gesammelt. Diese wiederum enthält Objekte. Jedes Objekt nimmt einen der nachfolgenden Typen an: „Point", „MultiPoint", „LineString", „MultiLineString", „Polygon", „MultiPolygon" oder „FeatureCollection". Für die Implementierung des Frameworks wurde allerdings nur Point und FeatureCollection genutzt. Die Reduzierung auf Points ist der Tatsache geschuldet, dass durch die Transformation in virtuelle Nodes und die Spielelemente als solche nur als Punkt existieren. Daher ist das passendste Element im GeoJSON ebenfalls ein Point. Neben den Koordinaten des Punktes können zusätzlich weitere Attribute frei definiert werden. Diese sind für das Gameframework id, user_id und prestige. Die id beschreibt die virtuelle Node Id des OSM Objektes. Diese enthält die Information von welchem Node das Objekt abstammt. In diesem Fall lässt sich anhand der Zahl erkennen, dass es sich hierbei um ein Node handelt, da die Bitmaske nicht verändert wurde. Das Attribut user_id beschreibt den Besitzer des Elementes. Für das Beispiel Spiel wurde hier keine Ids sondern die Stati „neutral","owner" und „foe" bestimmt. Mit einer einfachen Anpassung einer Zeile im Framework könnte auch direkt die Id des Spielers ausgegeben werden. Sofern die Schnittstelle ohne Session von extern aufgerufen wird, gibt es nur den Zustand „neutral" oder „foe", da ein Anonymer Zugriff keinem eingeloggten User zugeordnet wird. Ist hingegen ein User über das Beispiel Spiel authentifiziert, so erhält er zusätzlich die Information, ob die aktuelle Flagge in seinem Besitz ist. Das Attribut Prestige gibt den aktuellen Prestige-Wert der Flagge zurück. Im Codebeispiel handelt es sich um eine neutrale Flagge, die daher den Wert 0 hat. Eine Aussage ob ein Objekt persistiert wurde oder nicht, kann bei Verwendung der API nicht gemacht werden. Dies ist aber auch nicht notwendig, da die Persistierung transparent[2] vor dem Spieler und der Schnittstelle ist.

Die nächste Schnittstelle stellt die Händlerschnittstelle dar. Über diese können die Händler in einer vorgegebenen Bounding Box abgefragt werden, analog zu den Flaggen.

```
SITE_URL/vendors/getVendors.json?s=49&w=10&n=50&e=11
```

Im Gegensatz zu einem Spielelement enthält das GeoJSON des Händlers allerdings weniger Attribute, wie in Codebeispiel 5.2 zu sehen.

```
 1  {
 2          "type": "Feature",
 3          "geometry": {
 4              "type": "Point",
 5              "coordinates": [10.869845151901245, 49.902191491264695]
 6          },
 7          "properties": {
 8              "popupContent": "Insel 11"
 9          },
10          "id": 2
11      }
```

Code 5.2: GeoJSON Response Vendor (Reduziert)

Die Standardattribute sind gleich, jedoch wurden die Properties reduziert. „popup-Content" beschreibt den Inhalt des Popup-Fensters. In diesem Fall werden hier die Namen der Händler ausgegeben. Darüber hinaus hat auch jeder Händler eine Id. Diese sind jedoch nicht an OSM Elemente gebunden sondern für das Framework spezifisch.

Beispiel Spiel

Das Beispiel Spiel stellt eine Proof of Concept Implementierung dar, welche auf dem Gameframework aufbaut. Es dient vor allem zum Test des Frameworks und kann später ausgebaut oder ersetzt werden. Das Beispiel Spiel lässt sich in drei Bereiche aufteilen. Zunächst wurde das Spielfeld mittels Leaflet implementiert.

---

[2]im englischen Sinne

Abbildung 5.9.: Grundansicht – Spielfeld

Das Spielfeld ist in Abbildung 5.9 zu sehen. In der initialen Sicht wird das Spielfeld mittels HTML5 Geo Api auf die aktuelle Position zentriert. Die Karte zeigt die Standard OSM Tiles (Mapnik). Diese können beliebig ersetzt werden. Gerade in Innenstädten kann es sinnvoll sein ein anderes Rendering zu verwenden. Eine Übersicht der kostenlosen Tile-Server ist unter `http://wiki.OpenStreetMap.org/wiki/Tiles` zu finden. Möchte man über diese hinaus andere Styles verwenden und nicht selbst einen Tile-Renderingserver aufsetzten, so ist es zu empfehlen auf Dienste wie z. B. MapBox[3] zurückzugreifen. Auf der Karte selbst sind per Layer die Spielelemente, sowie Händler eingebunden. Bewegt der Spieler den Kartenbereich oder bewegt er sich physisch fort, so werden die Daten nachgeladen. Die Daten werden mittels GameAPI über das Framework ausgelesen und als GeoJSON eingebunden. Möchte nun der Spieler mit den Spielelementen interagieren, so muss er nur auf das Element klicken. Im Beispiel Spiel öffnet sich dann je nach Elementtyp entweder die Übersicht der jeweiligen Flagge oder aber der Händler. Durch die Interaktion kann sich der Spieler über den aktuellen Prestige-Stand informieren, sowie die Flagge angreifen. Letzteres kann der Spieler allerdings nur, wenn er sich im Umkreis von 40 Metern zur Flagge befindet. Ein AJAX Request beim Angriff des Spielers, stellt dies sicher. Der Aktionsradius von 40 Meter stellt sicher, dass auch bei einer höheren GPS-Ungenauigkeit

---

[3]`https://www.mapbox.com/`

der Spieler trotzdem mit der Umgebung interagieren kann. Beim Händler erhält der Spieler eine Übersicht über die verfügbaren Items. Im Gegensatz zu den Flaggen werden die Informationen der Händler nicht direkt beim Aufruf des Spielfeldes geladen. Stattdessen werden die Daten über die vorhandenen Items explizit für den jeweiligen Händler angefordert. Somit wird sichergestellt, dass die Synchronisierung möglichst zeitnah ist und der Spieler eine aktuelle Übersicht über das Inventars des virtuellen Händlers erhält.

Den aktuellen Punktestand kann der Spieler der oberen Statusleiste entnehmen. Dieser berechnet sich anhand aller Flaggen die der Spieler eingenommen hat. Dank Active Record in Verbindung mit Rails kann die Abfrage stark vereinfacht werden werden:

```
1  points = Flag.sum(:prestige, :conditions => ['user_id = ?',self.id])
```

Code 5.3: Ruby - Abfrage der Spielerpunkte

Direkt daneben ist die Anzeige für die verbliebenen Aktionspunkte. Diese werden alle 60min um eins erhöht, bis diese 24 Aktionspunkte erreichen. Der letzte Punkt stellt die Item-Übersicht dar. Über diese kann sich der Spieler seine aktuellen Items anzeigen lassen und je nach Bedarf verwenden. Die Items werden erst mit einem Klick auf das Inventar explizit per AJAX nachgeladen. Die Anzahl der Items kann der Spieler zu jeder Zeit in der Statusleiste sehen.

Im Gegenzug dazu gibt es die Oberfläche für die Pflege der einzelnen Händler. Hierfür werden als Basis die durch Scaffolding generierten Formulare verwendet. Diese wurden um zusätzliche Funktionen, wie einem Leaflet Map Picker und dem dazugehörigen JavaScript Code ergänzt. Der Spielleiter sich eine Übersicht der Händler über die nachfolgende URL aufrufen:

```
SITE_URL/vendors
```

In der Übersicht kann er bestehende Händler direkt löschen, neue anlegen oder bestehende bearbeiten. Legt der Spielleiter einen Händler an, so wird ihm nicht nur eine Liste an Attributen angezeigt, sondern er erhält auch eine Leaflet Karte, die auf der aktuellen Position zentriert ist. Über diese kann er frei auf der Karte einen Marker für die Position des Händlers setzen. Intern werden die Koordinaten des Markers gespeichert und in der Datenbank hinterlegt. Möchte der Spielleiter nun einen der Händler bearbeiten, wird das Formular wieder aufgerufen und mit den Daten aus der Datenbank gefüllt. Gleiches gilt auch für die Leaflet-Karte auf der der zuvor gespeicherte Marker hinterlegt wurde. In diesem Modus hat der Spielleiter zudem die Möglichkeit Items direkt dem Händler zuzuweisen, die dann später zum Verkauf stehen. Der Einfachheit halber werden alle noch nicht zugewiesenen Items angezeigt und können mit einem einfachen Klick hinzugefügt werden. Hierfür sind die Controller für die Händler-Klasse erstellt worden, die das Kaufen und Zuweisen von Items ermöglichen.

Über die nachfolgende URL, findet die Pflege der Items statt:

`SITE_URL/items`

Auf dieser Seite erstellt der Spielleiter alle Items, die den Händlern zur Verfügung stehen sollen. Es handelt sich ebenfalls um ein, durch Scaffolding erzeugtem, Formularmuster zur Pflege der einzelnen Daten. Jedes Item ist dabei explizit als Objekt angelegt und kann einem Item-Typ angehören. Das Anpassen der Items ist nach der Erstellung möglich. Im Zuge des Beispiel Spiels wurde auf eine umfangreiche Rollen und Rechtevergabe verzichtet, da der Fokus auf den Spielelemente lag. Diese können später bei Bedarf ergänzt werden, sofern ein Einsatz dieser notwendig ist.

Evaluationstool

Das Evaluationstool verwendet die zuvor in der GameAPI beschriebene Schnittstelle um Spielfelder zu bewerten bzw. zu evaluieren. Hierfür wird die zusätzliche Möglichkeit genutzt konkrete Tags zu einer Bounding Box abzufragen. Für eine Evaluation verwendet das Tool eine vorgegebene Liste an Key-Value Paaren und eine Geo-Koordinate, die zu einer Bounding Box erweitert wird. Basierend auf den in Kapitel 6.2 beschriebenen Ansätzen werden die Spielfelder jeweils evaluiert. Für die Evaluation der Spielfelder müssen die Entfernung zwischen den einzelnen Punkten berechnet werden. Hierbei werden nicht die euklidische Distanz zwischen den Geo-Koordinaten berechnet, sondern es muss die reale Distanz auf dem Straßennetz berechnet werden. Da der Spieler sich nicht nur per Auto, sondern auch per Fahrrad und im besten Fall zu Fuß fortbewegt, ist ein Fußgängerrouting notwendig. Nur für Fußgänger zugängliche Wege, müssen ebenfalls beachtet werden. Da OpenStreetMap im Vergleich zu Google Maps im Hinblick auf den Datenumfang an dieser Stelle einen Vorteil hat, wird auf OSM zurückzugreifen. Durch den Umfang und Anzahl der Abfragen ist es sinnvoll diese nicht an einen Onlinedienst zu stellen, sondern diese offline mit einem dedizierten Routing durchzuführen. Für das Offline-Routing mit OSM gibt es diverse Bibliotheken. Aufgrund der Anforderung möglichst viele Abfragen zeitnah durchzuführen, wurde sich für das Tool GraphHopper entschieden. Dieses bietet ein vollständiges Offline Routing auf Basis von OSM Rohdaten.[Kar14] Hierfür erstellt GraphHopper zunächst die Indexdateien, auf denen dann später das Routing stattfindet. Diese enthalten in binärer Form die aggregierten Pfadkosten des Netzwerkes.

Mit Hilfe von GraphHopper ist es nun möglich schnelle Abfragen durchzuführen. Da die GraphHopper Bibliothek selbst nicht für Parallelisierung ausgelegt ist, wurde das Evaluationstool optimiert um die Ressourcen eines Rechners/Servers vollständig auszunutzen. Dadurch kann die Laufzeit bei mehreren Tags je nach Anzahl der vorhandenen CPUs auf $\frac{1}{lc}$ verkürzt werden. Hierbei steht lc für die Anzahl der logischen CPUs. Bei einer Laufzeit von $\mathcal{O}(n^2)$ ist dies unerlässlich. Da GraphHopper in Java realisiert wurde, wurde das Evaluationstool analog dazu ebenfalls in Java entwickelt.

Tests

Da das Framework später für verschiedene Spiele genutzt werden soll, muss dieses getestet werden. Hierbei wird unterschieden zwischen Low-Level-Tests und High-Level-Tests.[PTV02] Unter Low-Level-Tests sind solche Test zu verstehen, die während der Implementierung an Teilen des Systems stattfinden. Bei High-Level-Tests wird das komplette System getestet. Einer der Low-Level-Tests ist der Modultest. Bei diesem werden einzelne Module im Programm getestet.

Für das Gameframework wurden die einzelnen Module unabhängig voneinander getestet. Zunächst wurden speziell die Schnittstellen zu OSM und Overpass getestet. Hierbei wurden vor allem die Übergabeparameter, sowie das Datenformat kontrolliert. Die korrekte Interpretation der Daten war ein weiterer Punkt, der überprüft wurde. Nachdem die die GameAPI mit ihrer Transformation der OSM Elemenete in Spielelemente implementiert wurde, ist das Beispiel Spiel darauf aufgebaut worden. Hierzu wurde die korrekte Transformation der Elemente anhand von speziellen Tags manuell überprüft. Für die Tags wurde auf `http://taginfo.openstreetmap.org` zurückgegriffen. Die Seite bietet einen statistischen Überblick aller Tags in OSM sowie die Verteilung auf die Elemente Relation, Way und Nodes. Der Test erfolge anhand von Key-Value Paaren, die jeweils explizit nur als einer der drei Typen bevorzugt gemappt werden.

Das Beispiel Spiel selbst musste ebenfalls getestet werden. Da ein ortsbezogenes Spiel als Grundlage die Position des Spielers verwendet, ist ein Debugging unterwegs schwierig. Aufgrund dessen ist es am besten die GPS-Koordinate zu simulieren. Hierfür gibt es Plugins für die am weitesten verbreiteten Browser, wie Chrome oder Firefox. Mit deren Hilfe kann die Position, welche die HTML5 Geo-API zurück liefert, verändert werden. Darüber hinaus ist es auch möglich die Genauigkeit der GPS Position, sowie das Bewegungs-Event zu triggern. Mit Hilfe von diesen können alle ortbezogenen Funktionen des Beispiel Spiels auch direkt während der Entwicklung getestet werden. Für die Nutzung des Spiels auf Smartphones eignet sich darüberhinaus der Einsatz von Emulatoren. Für Android und FirefoxOS sind diese frei verfügbar. Für iOS fallen jährliche Gebühren an und der Emulator inkl. SDK ist nur unter der neusten Mac OS X Version verfügbar.

Tests für das Evaluationstool wurden vorwiegend für die Laufzeit sowie der Bewertung von Spielfeldern durchgeführt. Konkrete Unit-Tests wurden für das Framework aus Zeitgründen nicht entwickelt, sollten aber als nächster wichtiger Punkt implementiert werden.

Als High-Level bzw. Blackbox Test wurden die in den Usecase Diagramm beschriebenen Anwendungsfälle getestet. Es wurden daher die Funktionen, die den jeweiligen Akteuren zur Verfügung stehen, ohne aktives Debugging des Quellcodes geprüft.

Probleme

Während der Umsetzung wurde auf einige Besonderheiten gestoßen, welche eine spezielle Anpassung oder Überlegung erfordert haben. Im Nachfolgenden soll kurz auf diese eingegangen werden, um die Erkenntnisse festzuhalten. Idealerweise können diese in zukünftigen Untersuchungen und Implementierungen vermieden bzw. umgangen werden.

Ein erster Aspekt ist die Spezifikation der GeoJSON. Standardmäßig werden Koordinaten in der Reihenfolge Latitude, Longitude angegeben.[Sch02; Bar+96; Mal91] Die GeoJSON Spezifikation hingegen sieht im Kontrast zum de facto Standard vor, dass zuerst die Longitude und dann die Latitude genannt wird.[But+08] Ist dies nicht bekannt, kann dies zu einigem Aufwand führen, der vermieden werden kann.

Eine weitere Problematik stellten die Bitmasken im Zuge des Transformationsprozesses der Relations und Ways zu virtuellen Nodes dar. Die Verwendung einer 64Bit Maske führte im Zuge der Verwendung von Javascript zu Problemen. Dies äußerte sich darin, dass die Ids nach der Interpreation auf unerklärlicher Weise veränderte Werte annahmen. So kamen Abweichungen im Wert von bis zu 100 Einheiten zu Stande. Nach längeren Debug Aufwänden wurde herausgefunden, dass die implizite Typisierung in JavaScript den Ganzzahlenwert der Id intern als Gleitkommazahl transferiert und dadurch unbewusster Weise die 51Bit überschreitet nach denen die Mantisse der Gleitkommazahl beginnt. Durch diese Verschiebung wurden die hinteren Bits beim Auslesen des long Wertes vernachlässigt. Um dieses Problem zu umgehen gibt es zwei Möglichkeiten. Entweder man teilt die Zahl auf Basis des 64Bit long Wertes in zwei 32Bit Integer Werte und legt diese in zwei Zahlen in JS ab. Da in diesem Fall in JavaScript keine arithmetischen Operationen auf der Id durchgeführt werden sollen empfiehlt es sich die Id explizit als String auszugeben. Dadurch interpretiert JavaScript diese nicht als Zahl und versucht diese nicht umzuwandeln.

Ein weiterer Punkt stellt Turbolinks dar. Turbolinks ist ein Gem, welches Standardmäßig in Rails aktiv ist. Es sorgt dafür, dass bei einer Interaktion mit der Seite nicht die komplette Seite neu geladen wird, sondern nur die Teile des Html Codes, welche sich geändert haben.[GCA13] Die Problematik die damit einhergeht sind Ajax Requests, welche über normale href links angestoßen werden. Eine typische Verwendung ist z. B.:

```
1  <a href="#" onClick="saveItem(1);">Save</a>
```

Code 5.4: a href HTML Code

Allerdings führt der Klick auf „Save" in diesem Fall zu einem Neuladen der Seite durch Turbolinks. Befindet sich an dieser Stelle aber ein Javascriptcode mit einem Ajax Request, dann wird die Seite neu geladen anstatt dass der Code ausgeführt wird. Dies ist speziell bei Skripten unvorteilhaft, die z. B. eine Aktualisierung von Werten auf der Seite vornehmen. Um dies zu vermeiden muss Turbolinks explizit angewiesen werden, bei „a href"-Links nicht aktiv zu werden. Dies kann pro Link individuell gesetzt werden:

```
1  <a href="#" data-no-turbolink onClick="saveItem(1);">Save</a>
```

Code 5.5: a href HTML Code - Turbolinks deaktiviert

Dadurch wird sichergestellt, dass der JavaScript Code ausgeführt wird und nicht einfach die Seite neu geladen wird.

Ein letzter Punkt, der zu Problemen führen kann ist der „Zurück"-Button im Browser. Durch diesen wird die vorherige Seite wieder aufgerufen, allerdings deren Javascriptcode nicht noch einmal ausgeführt, wie beim Laden der Seite. Als Resultat werden diverse Event-Listener nicht aufgerufen. Speziell „OnDocumentReady" wird nicht aufgerufen. Sofern dies nicht in der Entwicklung berücksichtigt wird, kann dies dazu führen, dass die Seite vom Benutzer in einem nicht definierten geführt wird.

6. Evaluierung

6.1. Qualität der Lösung

Für eine Evaluation der in Kapitel 4 und 5 vorgestellten Lösung muss zunächst die Evaluationsmethode definiert werden. Für die Evaluation soll die Lösung der Arbeit mit der Problemstellung in Kapitel 2 gegenübergestellt werden. Es wird untersucht inwiefern das Framework und das Beispiel Spiel zu einer Lösung der Problemstellung beitragen. Das Ergebnis der Evaluation soll weitere Handlungsempfehlungen bzw. Verbesserungsvorschläge aufzeigen, sofern diese aufgrund der Evaluation notwendig sein sollten. Die vorgestellte Lösung soll im Hinblick auf die vier Hauptaspekte untersucht werden:

- Gamification unter Einbezug der Händler

- Pervasive Games

- Relokalisierbarkeit

- Verwendbarkeit von OSM-Daten

Die Evaluation der durch das Framework erzeugten Spielfelder und somit eine Bewertung der Relokalisierbarkeit wird in Kapitel 6.2 behandelt.

Gamification

Im Bezug auf die in Kapitel 1 aufgestellte Motivation, soll die Lösung mittels Gamification den regionalen Händlern zu neuen Kunden führen können und bestehende halten. Das Ziel ist es nicht zu überprüfen, ob und wie hoch der Neukunden und Bestandskundenanteil durch die Lösung beeinflusst wird, sondern inwiefern Elemente aus der Literatur umgesetzt wurden. Diese wiederum sollen die Möglichkeit für einen besseren Umsatz der Händler bieten. In der Literatur wurden zunächst die rudimentären Elemente eines Gamification Prozesses herauskristallisiert. Für die softwaretechnische Umsetzung wurden bei der Implementierung die Anforderungen umgesetzt, damit die Gamification-Elemente Points, Badges und Leaderboards problemlos verwendet werden können. Zudem wurden die Aspekte der klassischen Spieltheorie aufgegriffen und dadurch die Gamificationen Ansätze erweitert. Es wurden mehrere Optionen aufgezeigt, welche in Spielen umgesetzt werden können. Darüber hinaus wurden diese Aspekte mit Technologien wie NFC oder Bluetooth Low Energy in Verbindung gebracht. Es wurde aufgezeigt, wie eine Integration der Spielelemente vor Ort bei den Händlern gestaltet werden kann. Das Framework und das Beispiel Spiel bilden diese nicht alle ab, sind aber problemlos in der Funktionalität erweiterbar. Durch die Kombination der Gamification Elemente, Generierung von Spielelementen auf Basis der Umgebung und der Verbindung mit den lokalen Händlern, wird das Maß der Immersion für die Spieler erhöht und der Effekt der Gamification verstärkt. Für den Aspekt der Gamification lässt sich daher abschließend festhalten, dass die aufgezeigte Lösung einen Beitrag zur Lösung der Problematik der Gamification von Neukundenbesuchen bei regionalen Händlern liefern kann.

Pervasive Games – Anforderungen an ein Gameframework

Im Zuge der Erstellung eines Frameworks für die Durchführung von Pervasive Games müssen mehrere Aspekte behandelt werden. Zunächst muss definiert werden, welche Grenzen des Magic Circle überschritten werden. Im Zuge dieser Arbeit lag der Fokus auf der Dimension Ort und Zeit. Das bedeutet, dass das Spiel sowohl ortsunabhängig als auch zeitunabhängig gespielt werden kann. Die Ortsunabhängigkeit der vorgestellten Lösung wird durch die Relokalisierung mit Hilfe von OSM-Daten sichergestellt. Die zeitliche Unabhängigkeit ist dadurch sichergestellt, dass jeder Spieler sich individuell am Beispiel Spiel anmelden kann und es keine fest definierten Uhrzeiten oder Termine gibt um das Spiel zu spielen. Im Vergleich zu typischen Geogames ist es daher möglich auch über feste Uhrzeiten und Geografische Gebiete hinaus das Spiel zu spielen. Durch die Formulierung der Anforderungen in Kapitel 2 und 4.1 und der Ausrichtung des Frameworks an diesen wurde sichergestellt, dass das Framework diese Anforderungen erfüllt. Da es sich in der Problemstellung um ein Echtzeitspiel handelt, muss auch im Framework sichergestellt werden, dass die Interaktion mit dem Spiel in Echtzeit erfolgen kann. Durch die Modularisierung und Auskopplung der Evaluation der OSM Tags, ist es möglich die zeitintensiven Bewertung der Spielfelder unabhängig von der Spielfeldgenerierung durchzuführen. Dadurch ist es möglich, die relativ einfachen Prozesse zur Transformation der OSM-Elemente während der Laufzeit durchzuführen. Vergleicht man die durchschnittliche Antwortzeit des Frameworks, so ist diese ausreichend niedrig. Die Varianz ist wie in Abbildung 6.1 erkenntlich zu vernachlässigen. Die Antwortzeit ist abhängig von der Anzahl der OSM-Elemente in der Bounding Box und der Antwortzeit des Overpass API Servers. Diese steigt nicht weiter, wenn die empfohlene maximale Anzahl an Spielelementen nicht überschritten wird. Die Evaluationsfunktion hingegen liegt bei 2-3 Minuten für ein Tag mit ca. 200 Elementen. Für ein Feld mit 1200 Elementen liegt diese bereits bei über 30 Minuten.

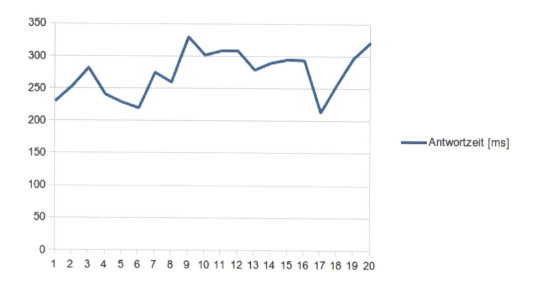

Abbildung 6.1.: Antwortzeit der GameAPI für den Tag public_transport = stop_area

Abweichungen der Antwortzeit sind weniger bedeutend, da das Spielfeld sich bereits vorher für den Spieler aufbaut und die Spielelemente mittels Ajax Request geladen werden. Darüber hinaus wird durch die dynamische Erweiterung der Bounding Box sichergestellt, dass alle Elemente am Rand der Karte bereits geladen sind. Das Nachladen der Elemente beim Fortbewegen darf daher auch länger dauern, da das Spielfeld immer zentriert auf den Spieler ist.

Durch die Kapselung der einzelnen Module wird auch sichergestellt, dass eine Erweiterbarkeit der Spielmechanik ohne größeren Aufwand möglich ist. Das Beispiel Spiel kann problemlos erweitert werden oder aber durch ein beliebiges anderes Spiel ersetzt werden. Hierbei zeigt sich, dass die Anforderung für die Flexibilität des Frameworks hinsichtlich seiner Erweiterbarkeit und Austauschbarkeit gegeben ist.

Relokalisierbarkeit

Der nächste essentielle Aspekt der Problemstellung war die Relokalisierbarkeit. Ziel war es dem Spielleiter eine Möglichkeit an die Hand zu geben, ein Spielen außerhalb eines festen Bereiches zu ermöglichen. Hierzu werden OSM-Daten verwendet die durch eine Transformation zu Spielelementen umgewandelt werden. Durch die Evaluation der OSM-Tags im Voraus wird sichergestellt, dass der jeweils beste Tag für die getesteten Umgebungen ausgewählt wurde. Die Transformation der OSM-Elemente funktioniert problemlos, speziell auch mit Relationen und Ways, wie in

Abbildung 6.2 zu erkennen ist. Auf der linken Seite sind die Daten aus OSM respektive Overpass zu sehen. Auf der rechten Seite sind hingegen die vom Framework erzeugen Spielelemente ersichtlich.

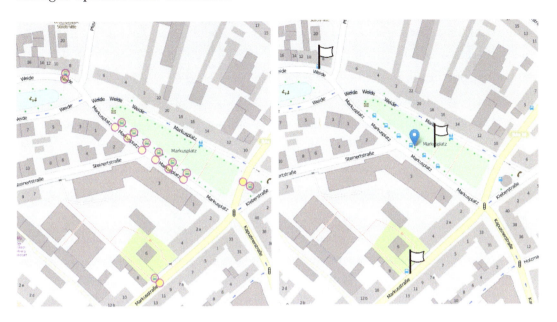

Abbildung 6.2.: OSM-Daten im Vergleich zu den transformierten Spielelementen

Sofern eine Evaluierung im Voraus sichergestellt wurde, sind die Spielfelder ohne Einschränkungen nutzbar. Einen Nachteil der Fokussierung auf ein einzelnes Key-Value Paar in OSM, ist die Möglichkeit, dass z. B. für Regionen, in denen eine geringere Mapping Qualität vorliegt, im Extremfall keine Spielelemente zur Verfügung stehen könnten. Diese Problematik könnte in diesem Fall durch eine einfache Anpassung des Frameworks gelöst werden. Hierzu müsste intern eine Liste mit alternativen Tags vorgehalten werden. Diese Liste könnte dynamisch auf Basis von `http://taginfo.openstreetmap.org/tags` gefüllt werden. Beim Aufruf der GameAPI müsste das Framework nur die vorhandene Zahl der Spielelemente prüfen und bei einer Unterschreitung eines vordefinierten Wertes automatisch den nächsten alternativen Tag verwenden. Zwar führt dies dazu, dass potentiell die Auswahl der Spielelemente für den Spieler schwerer nachvollziehbar ist, jedoch würde dies sicherstellen, dass auch im Worst Case Szenario ausreichend Spielelemente generiert werden.

Es lässt sich festhalten, dass die Relokalisierung problemlos funktioniert und auch für den Einsatz mit Pervsaive Games geeignet ist. Ein offener Punkt ist eine weitere Optimierung für das Worst Case Szenario, indem der optimale Tag kein Spielfelde generieren kann.

Verwendbarkeit von OSM-Daten

Eine Fragestellung zu Beginn der Arbeit war die Verwendbarkeit von OSM-Daten im Zuge von Pervasive Games. Die Anforderungen an die Daten im Vergleich zu einer Navigationssoftware sind beim Framework vergleichsweise gering. Es muss eine korrekte Klassifikation stattfinden und die Abweichung der Position sollte vorzugsweise nicht mehr als der Aktionsradius des Spielers betragen. Dadurch wird erreicht, dass alle Spielelemente auch von den Spielern physisch erreichbar sind. Fehler bei der Klassifikation können vorkommen, da es immer der Fall sein kann, dass die Daten nicht korrekt gemappt wurden. Dies ist aber im Zusammenhang des Frameworks nicht weiter relevant, da deswegen maximal das Element/Objekt nicht auf dem Spielfeld erscheinen wird. Durch das Fehlen wird aber die Funktionalität des jeweiligen Spiels selbst nicht beeinträchtigt. Hierdurch wird lediglich die Verteilung auf dem Spielfeld beeinflusst. Probleme mit dem Spielfeld bei zu wenig Elementen wurden angesprochen und mögliche Lösungen aufgezeigt. Die Transformation der OSM-Daten stellt sicher, dass auch Mapping Fehler, z. B. das rekursive Verweisen von Relations, keine Probleme entstehen. Es wird sichergestellt, dass in jedem Fall die Transformation stattfindet. Abschließend ist festzuhalten, dass OSM ohne Einschränkungen nutzbar ist. Gründe hierfür sind die Ergebnisse in der Literatur, welche OSM eine ausreichende Datenqualität zusprechen und OSM auch hinsichtlich der Lizenz für kommerzielle Produkte verwendbar ist. Darüber hinaus lieferten allen Tests mit dem Gameframework gute Ergebnisse.

Abschließendes Ergebnis

Für den Spielleiter lässt sich daher festhalten, dass die Anforderungen für ein einfaches Staging erfüllt werden. Darüber hinaus findet auch die geforderte Modularisierung der einzelne Funktionen statt. Die einzelnen Komponenten ermöglichen es mithilfe von OSM-Daten Spielfelder zu erzeugen, welche unter Einbindung der virtuellen Händler und Gamification Elemente des Beispiel Spiels zu einer Lösung der in Kapitel 2 vorgestellten Probleme führen.

6.2. Qualität der Spielfelder

Ein wichtiger Aspekt für die Nutzung des Frameworks stellt die Qualität der Spielfelder dar. Wie bereits angedeutet, wird für die Auswahl der Spielelemente das jeweilige OSM-Tag verwendet und auf Basis des Tags die OSM-Elemente zu Spielelementen transformiert. Um die jeweiligen Tags bewerten zu können muss daher eine Evaluations-Methode der Spielfelder definiert werden. Das Ziel ist es somit durch den Vergleich mehrerer Lokalitäten den optimalen Tag für alle Spielfelder zu finden.

Somit wird ein Tag gesucht, der möglichst an allen Standorten zu einem bestmöglichen Ergebnis führt. Um die Qualität eines Spielfeldes beurteilen zu können muss zunächst näher definiert werden, welche Kriterien ein gutes Spielfeld ausmachen. Betrachtet man zunächst Punkte auf einer normalen zweidimensionalen Fläche so lassen sich nachfolgende Kriterien festlegen. Zum einen muss sichergestellt werden, dass der Abstand aller Punkte gleich zu den anderen Nachbar-Punkten ist. Gleichzeitig muss vermieden werden, dass es zu einem Clustern der Punkte kommt. Ein ideales Feld für eine zweidimensionale Fläche ist in Abbildung 6.3 zu sehen.

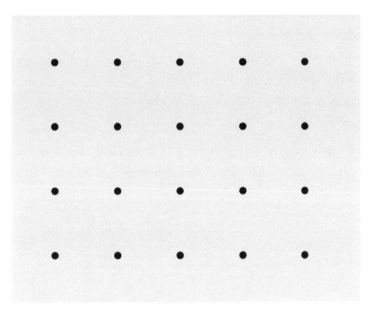

Abbildung 6.3.: Ideale Verteilung von Elementen auf einer zweidimensionalen Fläche

Für den Transfer der Kriterien auf den Anwendungsfall, muss berücksichtigt werden, dass die Spieler sich nicht per Luftlinie fortbewegen können. Diese können sich auf Grund der ortsbezogenen Affordanzen nur über die vorhandenen Wege fortbewegen. Diese Problematik betrifft auch die Fälle, in denen es geografische Hindernisse gibt. Beispielsweise wenn zwei Stadtteile zwar direkt nebeneinander liegen, diese aber durch einen Fluss getrennt sind. Diese Einschränkungen spiegeln sich alle im Wegnetz wieder. Daher muss untersucht werden, wie die optimale Verteilung der Spielelemente auf Basis des Wegnetzwerkes stattfinden kann. Da die Punkte allerdings nicht selbst ausgewählt werden, sondern aus OSM stammen und das Finden der besten Punkte ein zu komplexes Optimierungsproblem darstellen würde, muss ein anderer Ansatz verfolgt werden. Es ist somit notwendig die Abstände zwischen den einzelnen Spielelementen zu bestimmen. Hierzu ist es notwendig die kürzeste Route zwischen zwei Punkten zu finden. Da die meisten Routinglösungen reine Straßen bevorzugen, aber selten auch ausreichende Fußwege aufweisen, soll in diesem Fall wiederum auf OSM gesetzt werden. Ziel soll es sein die Distanz zwischen den

Spielelementen durch ein Offline Routing unter Verwendung von OSM zwischen den einzelnen Punkten zu bestimmen. Zunächst muss aber bestimmt werden, welche der Spielelemente begutachtet werden. Hierfür werden dem entwickelten Evaluationstool jeweils ein OSM-Tag für die Auswahl der Spielelemente, sowie eine Koordinate übergeben. Anhand dieser Information baut das Evaluationstool zwei Bounding Boxen. Diese werden unterschieden in die innere und äußere Bounding Box. Erstere enthält alle Punkte die untersucht werden sollen und letztere alle Punkte die zur Beurteilung herangezogen werden. Dieses Vorgehen ist nötigt, da ansonsten die Punkte an den Ecken der inneren Bounding Box bei einer Bewertung benachteiligt werden würden. Die Anordnung der Bouding Boxen ist beispielhaft in Abbildung 6.4 zu sehen. Die innere Bounding Box (schwarz) wurde im konkreten Fall auf 2,5 km Breite und 2,5 km Länge festgesetzt. Im Gegensatz dazu steht die äußere Bounding Box (rot). Dbaei wurde die Innere um die maximale Evaluationsdistanz erweitert. Im konkreten Fall soll diese Distanz 700 Meter darstellen, welches die Distanz von 10 Minuten Fußweg widerspiegelt. Die Wahl ist auf 10 Minuten gefallen um eine ausreichende Dichte der Spielfelder zu erreichen und die Spieler zur Fortbewegung zu motivieren.

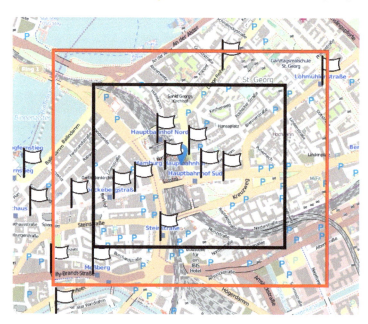

Abbildung 6.4.: Inner und äußere Bounding Box zur Evaluation

Zur Evaluation wurde eine Abwandlung der k-Nearest Neighbours Methode, konkret die count Nearest Neighbours gewählt. Sie basiert auf der K-Funktion die in Kapitel 3.5 von Spooner et al. [Spo+04] vorgestellt wurde. Es soll dabei nicht die Entfernung der 10 nächsten Spielelemente ausgelesen werden, sondern die Anzahl der Spielelemente die im Umkreis von k Metern sind. Für die Evaluation wurde k auf 700 Meter festgelegt. Die Idee ist es eine Art geografische Dichte bestimmen zu können, welche eine Information für den Spielleiter darstellt.

Zunächst wurde die Idee eines zeitgeographischen Netzwerks verfolgt. Hierbei sollten ausgehend von einem Element alle Wege als Netzwerk aufgebaut werden, welche in den Umkreis von 700 Metern fallen. Nach der ersten Evaluation wurde eine durchschnittliche Zeit von 40 Sekunden gemessen für die Aufbereitung des Netzwerks. Die Prüfung ob ein Element auf den besagten Wege-Netzwerk liegt dagegen läuft in wenigen Millisekunden ab. Im Anbetracht der verwendeten Tags, die im Schnitt 150 Elemente in der inneren Bounding box haben, sind dies für die Evaluation eines Tags bereits 75 Minuten. Soll dagegen eine ganze Liste von Tags überprüft werden, so steigt die Evaluationszeit für eine Koordinate mit mehreren Tags schnell auf mehrere Tage. Aus diesem Grund wurde eine Alternative für die zeitaufwendige Methode gesucht. Durch die Verwendung des Graphhopper-Tools ist es möglich ein sehr schnelles und effizientes Routing zwischen zwei Punkten durchzuführen. Tests haben ergeben, dass eine Route unter 100ms ermittelt werden kann. Die Idee ist den logisch aufwändigeren Weg zu gehen und die Distanz zu allen bestehenden Punkten zu berechnen. Somit muss für jedes Element der inneren Bounding Box die Entfernung zu jedem Element innerhalb der äußeren Bounding Box bestimmt werden. Zwar nimmt die Laufzeit quadratisch im Vergleich zur zeitgeographischen Variante zu, jedoch liegt diese deutlich niedriger. Bei 167 inneren Elementen und 263 äußeren lag die Evaluationszeit pro Spielelement bei ca. 1,5 Sekunden. D.h. um den Faktor 26 kleiner als per zeitgeographisches Netzwerk. Dadurch ergibt sich ein Break Even Punkt an dem sinnvoller ist von der einfacheren Methode auf die zeitgeographische zu wechseln. Dieser Punkt liegt, wie sich in Abbildung 6.5 erkennen lässt, bei ungefähr 4100 Elementen. Darüber hinaus wurde die Analyse der Tags parallelisiert um die volle Rechenkapazität des jeweiligen Rechners ausnutzen zu können und somit schneller zum Ergebnis zu kommen. Bei aktuellen 4-8 Kern Prozessoren findet eine nicht zu vernachlässigende Geschwindigkeitssteigerung statt.

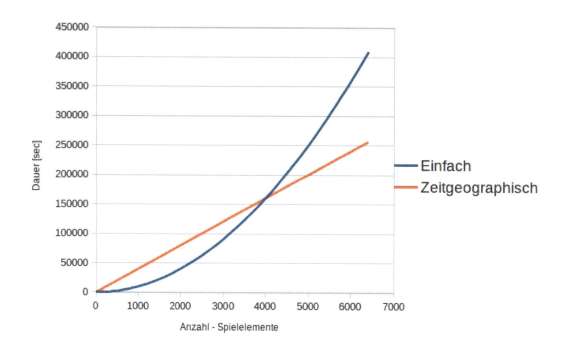

Abbildung 6.5.: Gegenüberstellung der cNN Methoden

Allerdings muss beachtet werden, dass bei 4100 Spielelementen auf 6,25km², eine extrem hohe Dichte erreicht wird. Diese führt dazu, dass es im Schnitt es weniger als 40 Meter bis zum nächsten Spielelement sind. Bei einem Aktionsradius von 40 Metern, wäre das Spielfeld somit voller Spielelemente. Daraus folgern sich zwei Dinge: Die ideale Spielelementzahl sollte einen Flächen zu Spielemement Index größer als 1524m² aufweisen. Es ist auch festzustellen, dass der Einsatz der zeitgeographische Methode keinen Sinn macht. Nachdem die Berechnungsmethode festgelegt und die Werte für verschiedene Punkte berechnet wurden, ist festgestellt worden, dass ein Clustering sich nicht negativ auf die Ergebnisse auswirkt. Der Grund hierfür liegt in der Bewertungsfunktion. Jedes Spielelement im Bereich von 0 bis 700 Meter wird als ein nächster Nachbar gezählt. Die ursprüngliche Bewertungsfunktion analog zur K-Funktion eines einzelnen Tags lautete:

$$score = \frac{\sum\limits_{i=1}^{n} c_n}{n} \qquad (6.1)$$

Um dieses Problem zu umgehen muss eine Bewertungsfunktion für die unterschiedlichen Entfernungen erstellt werden. Ein erster Ansatz die Verwendung einer Gleichung zweiter Ordnung wie in Abbildung 6.6 zu erkennen. Nach einem ersten Probelauf hat sich allerdings herausgestellt, dass die Elemente im Bereich von unter 1000 Metern zu schwach negativ ins Gewicht fallen.

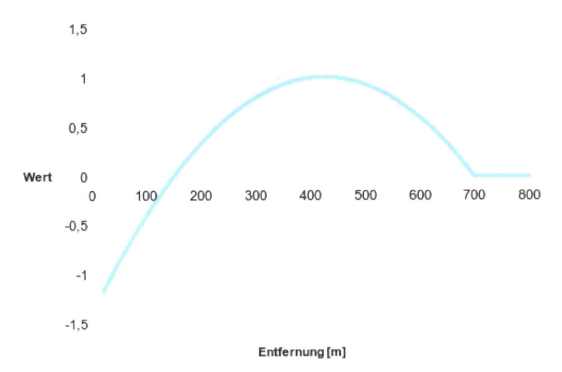

Abbildung 6.6.: Bewertungsfunktion für Distanzen

$$weightedscore = \frac{\sum\limits_{i=1}^{n} cv_n}{n} \qquad (6.2)$$

Aus diesem Grund wurde auf eine abgestufte Bewertung gewechselt, welche das Ergebnis für die Tags besser normalisiert hat. Allerdings ist das Ergebnis welches in Abbildung 6.7 zu sehen ist noch nicht das Optimum. Es wird daher vorgeschlagen, die Bewertungsfunktion weiter zu optimieren und Ansätze aus der Fuzzy Logic zu verfolgen, da diese eine deutlich bessere Steuerung der einzelnen Attribute und Entfernungen ermöglichen. Eine vollständige Grafik aller Werte ist im Anhang in Abbildung A.6 zu finden. Die in Abbildung 6.7 gezeigte Darstellung zeigt die Tags die weniger als 70 Nachbar-Elemente im Umkreis von 700 Metern haben. Es lässt sich erkennen, dass Elemente der Infrastruktur besser verteilt sind. Hierzu zählen z.B: Bushaltestellen, Bäckereien und Briefkästen. Diese besitzen eine bessere Verteilung zum Beispiel Bänke. Allerdings muss beachtet werden, dass allein durch ein höheren Wert nicht sichergestellt ist, dass der Tag überall gut funktioniert. Viel wichtiger dabei ist der Abgleich der Werte aus verschiedenen Regionen. Erst mit dem Vergleich der Ergebnisse der einzelnen Tags an unterschiedlichen Orten, an denen ein Spiel stattfinden soll, ermöglicht eine optimale Auswahl. Der Tag, welcher bei allen Überprüften Lokalitäten den ausgeglichensten Wert hat, sollte verwendet werden. Gibt es mehrere Tags die im Schnitt wenig voneinander Abweichen, sollte der Tag mit dem höchsten Wert verwendet werden.

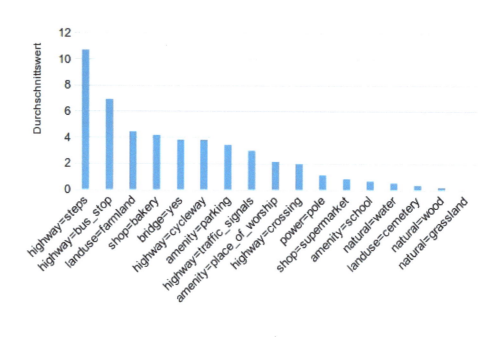

Abbildung 6.7.: Bewertung der einzelnen Tags

7. Diskussion

7.1. Relokalisierbarkeit geobasierter Gamification-Ansätze

Nach der Evaluation des Frameworks und des Beispiel Spiels kann festgehalten werden, dass die zuvor in der Problemstellung geschilderten Anforderungen mit Hilfe des beschriebenen Frameworks gelöst werden können. Um der Echtzeitanforderung gerecht zu werden, wurde die Auswahl der Spielelemente anhand von OSM-Daten auf eine zweistufiges Verfahren ausgelegt. Der weniger ressourcenschonende Part wurde ausgegliedert und vor das Pervasive Game gestellt. Hierzu wurde ein Evaluationstool entwickelt, welches anhand einer gegebenen Position und eines Key-Value Paars die Spielfläche automatisch bewertet und für einen Vergleich mit anderen Spielfeldern herangezogen werden kann. Die Auswahl wiederum kann im Framework festgehalten werden. Es wurde festgestellt, dass gewisse Stellen weiter einer Optimierung erfordern, um noch bessere Ergebnisse zu erzielen. Hierunter fällt die Bewertung der Entfernungsmatrix, welche für die einzelnen Spielelemente der Transformation erzeugt wird. Erste Ansätze und Ergebnisse wurden geschildert, sowie weitere Vorgehensweisen präsentiert. Es wurde eine funktionierende Transformation für die Umwandlung von OSM-Elementen zu Spielelementen entworfen und umgesetzt. Basierend auf der Transformation wurde eine Schnittstelle entworfen, die es ermöglicht, sowohl für das darauf aufbauende Spiel, als auch für die Administration und die Evaluierung der Tags die GeoDaten aufzubereiten.

Die Untersuchungen haben ergeben, dass eine Realisierbarkeit mit Hilfe von OSM-Daten möglich ist. Hierfür muss im gewählten Fall eine Vorselektion anhand der Tags stattfinden, um die Evaluation der Spielfelder auszulagern. Mit dem Transformationsprozess in Kombination des vorgestellten Frameworks konnte gezeigt werden, dass OSM-Daten problemlos für die Erstellung von Spielfeldern nutzbar sind. Durch den beschriebenen Lösungsansatz wird ein entscheidender Beitrag zur automatischen und unterstützen Erstellung von Spielfeldern geleistet. Die Ergebnisse bieten eine solide Basis, auf der weitere Optimierungen und Untersuchungen alternativer Ansätze durchgeführt werden können.

7.2. Ausblick

Durch die Untersuchung haben sich mehrere Punkte ergeben, die zu hinterfragen und zu evaluieren sind. Zunächst ist die Evaluation der Spielfelder zu nennen. Es wurden erste Ansätze aufgezeigt und optimiert. Die Vorausstellung der Evaluation der OSM-Tags und der damit verbundenen Spielfelder bietet einen Kompromiss zur Echtzeit-Generierung der Spielfelder. Nichtsdestotrotz ist eine weitere Verbesserung der Bewertung der Spielfelder erstrebenswert, um noch besser auf die Effekte des Clusterings eingehen zu können. Im Idealfall werden diese komplett vermieden. Dem Spielleiter sollte zudem mehr Flexibilität ermöglicht werden, um die gewünschten Abstände selbst einzustellen. Im Moment ist die maximale Entfernung bei der Bewertung bei 700 Meter und es wird eine Mindest-Entfernung von 150 Metern mathematisch bevorzugt. Diese Werte sich nicht wissenschaftlich untersucht, sondern eine erste festgelegte Kenngröße. Damit verbunden ist eine Evaluation der Spielfelder bei realen Spielern. Dieses Feedback ist unerlässlich für eine weitere Optimierung des Frameworks. Dies könnte auf Basis einer optisch aufgewertete Version des Beispiel Spiels passieren, wodurch der Aufwand für eine Evaluation gering gehalten wird. Es ist zu empfehlen, eine iterative Vorgehensweise zu nutzen, um das Feedback von den Tests in das Framework einfließen zu lassen. Ein weiterer offener Punkt stellt die Skalierbarkeit des Frameworks dar. Zwar wurden die Antwort-Zeiten optimiert, genauere Untersuchungen im Hinblick auf Last und konkreter Ressourcenverbrauch stehen allerdings aus. Interessant wäre hierbei zu untersuchen, wie viele Spieler maximal mit einer festen Größe an Ressourcen bedient werden können. Eine Untersuchung inwiefern ein Caching der Transformation notwendig ist, stellt ebenfalls ein offener Aspekt dar. In Kapitel 4.2 wurde das Caching bereits angesprochen. Sofern dies im Zuge der Skalierbarkeit verbessert werden muss, so muss ein detaillierter Ansatz für das Caching entworfen und umgesetzt werden. Diese Untersuchungen sind essentiell für den Einsatz eines solchen Frameworks für den Produktivbetrieb. Der Aspekt der Händler-Integration wirft ebenfalls eine Frage auf. Es gibt bisher keine fundierten Untersuchungen bezüglich der Interaktion von (online) Spielern mit der physischen Welt. Es wurden verschiedenen Lösungen zur Interaktion vorgestellt (Coupon, QR-Code, NFC, iBeacon), allerdings gilt es zu untersuchen, welche der Methoden für einen Einsatz am besten geeignet sind. Dabei spielen Zielgruppe und die Verbreitung der Technologien eine entscheidende Rolle.

A. Anhang

A.1. Weitere Abbildungen

Abbildung A.1.: Spielfeld - Smartphone

Signed in as: @arcor.de - Points: 18 AP: 23 Items: 1 Sign out
New vendor
Name: Ohland
Save
Blumenstraße
Fischergasse
Aufbaustraße
Steigerwaldstraße
Dr.-Martinet-Straße
Gaustadter Hauptstraße
Zur Linde
St Josef
Ohland

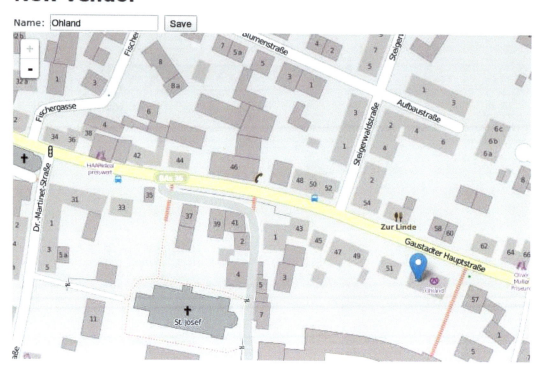

Abbildung A.2.: Händler Map-Picker

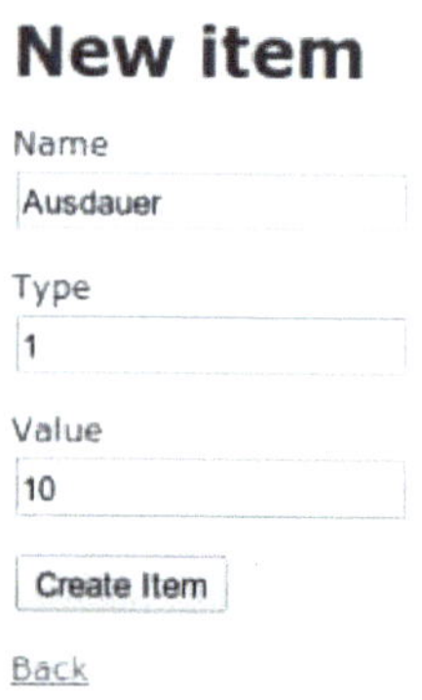

New item
Name
Ausdauer
Type
1
Value
10
Create Item
Back

Abbildung A.3.: Itempflege - Anlegen

Name: Ohland

Items:

    Add Items:
- Ausdauer - 1 - 10 <u>Add to vendor</u>

Abbildung A.4.: Itempflege - Zuweisen

Abbildung A.5.: Spielfeld - Itembenutzung

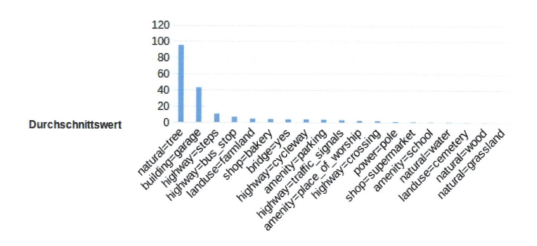

Abbildung A.6.: Umfassendere Bewertung der einzelnen Tags

A.2. Quellcode

Aufgrund des Umfangs und des Entwicklungsvorgehens wurde der Quellcode des Frameworks nicht als optisches Medium beigelegt. Er befindet sich in einem Subversion Repository. Somit kann das Framework offen von jedem verwendet werden, der ein Interesse daran hat. Soweit nicht anders angegeben steht der Quellcode des Autors unter der GNU GPL v2. Der Quellcode des Frameworks, Evaluationstools und der Latex Quellcode dieser Arbeit findet sich auf dem Subversion Server von Google Code. Mit nachfolgender URL kann die aktuelle Version ausgecheckt werden:

`http://geogame-project.googlecode.com/svn/trunk/`

Die Struktur des Repositorys ist wie folgt:

- latex - Latex Quellcode dieser Arbeit

- src - Ruby Quellcode des Frameworks

- src_evalTags - Java Quellcode des Evaluationstools

A.3. Installation

Für die Ausführung des Frameworks wird Ruby in Version 2.0 und Rails in Version 4.0 benötigt. Letzteres wird automatisch per Bundler installiert. Darüber hinaus muss sichergestellt werden, dass der Server/Rechner eine aktive Verbindung zum Internet hat, damit die OSM-Daten abgerufen werden können.

Für die Installation des Frameworks ist es ausreichend das Ruby on Rails Projekt per svn auszuchecken:

```
1  svn checkout http://geogame-project.googlecode.com/svn/trunk/src/
```
Code A.1: CLI-Befehl für Code Checkout

Danach kann die Anwendung einfach im Projekt-Verzeichnis gestartet werden:

```
1  bundle install;rails s
```
Code A.2: CLI-Befehl für Start des Frameworks

Konfiguration

Die Einstellung des Standard Tags für das Framework erfolgt über den Quellcode. In der Datei `./src/app/helpers/overpass_api_helper.rb` existiert die Methode getDefaultTag() im Modul OverpassApiHelper. Der dort festgelegte Wert kann nach belieben verändert werden. Durch wenige Zeilen Code kann der Tag auch aus der lokalen Datenbank oder einer anderen Quelle ausgelesen werden.

Glossar

API	Die API stellt eine dokumentierte Software-Schnittstelle dar, die von anderen Programmen aus genutzt werden kann.
CLI	Command Line Interface - Kommandozeile. Die Kommandozeile ist ein Eingabebereich für die Steuerung einer Software, die typischerweise im Textmodus abläuft.
DB Lounge	Lounge der Deutschen Bahn für Status Kunden.
DSL	domain-specific language - Eine domänenspezifische Sprache
GUI	Hierbei handelt es sich um die grafische Benutzeroberfläche.
OQL	Overpass Query Language
OSM	OpenStreetMap
RFC	RFCs sind eine Reihe von technischen und organisatorischen Dokumenten zum Internet, die sie zu einem Standard entwickelt haben.
POI	Point of Interest. Sehenswürdigkeit
PBL	Points, Badgets, Leaderboards
Shell	Eingabe-Schnittstelle zwischen Computer und Benutzer
SQL	Eine deskriptive Abfragesprache von Datenbanken.
Staging	Die Durchführung eines Spiels.

Literatur

[AL99]   Christos A Athanasiadis und Svante Linusson. "A simple bijection for the regions of the Shi arrangement of hyperplanes". In: *Discrete mathematics* 204.1 (1999), S. 27–39.

[AWC99]   Marc S Atkin, David L Westbrook und Paul R Cohen. "Capture the Flag: Military simulation meets computer games". In: *Proceedings of AAAI Spring Symposium Series on AI and Computer Games*. 1999, S. 1–5.

[Bal+07]   Rafael A Ballagas, Sven G Kratz, Jan Borchers, Eugen Yu, Steffen P Walz, Claudia O Fuhr, Ludger Hovestadt und Martin Tann. "REXplorer: a mobile, pervasive spell-casting game for tourists". In: *CHI'07 extended abstracts on Human factors in computing systems*. ACM. 2007, S. 1929–1934.

[Bar+96]   Farhad Barzegar, Irwin Gerszberg, Martin J McGowan III und Robert E Schroeder. *Wireless information system for acquiring location related information*. English. US Patent 5,559,520. 24. Sep. 1996.

[Bar04]   Richard A Bartle. *Designing virtual worlds*. New Riders, 2004.

[Bat+11]   Scott Bateman, Regan L Mandryk, Tadeusz Stach und Carl Gutwin. "Target assistance for subtly balancing competitive play". In: *Proceedings of the SIGCHI Conference on Human Factors in Computing Systems*. ACM. 2011, S. 2355–2364.

[Bel+06]   Marek Bell, Matthew Chalmers, Louise Barkhuus, Malcolm Hall, Scott Sherwood, Paul Tennent, Barry Brown, Duncan Rowland, Steve Benford, Mauricio Capra et al. "Interweaving mobile games with everyday life". In: *Proceedings of the SIGCHI conference on Human Factors in computing systems*. ACM. 2006, S. 417–426.

[Ben+03]   Steve Benford, Adam Drozd, Andy Crabtree, Rob Anastasi, Martin Flintham, Ju Row-Farr, Chris Greenhalgh, Matt Adams und Nick Tandavanitj. "Coping with uncertainty in a location-based game". In: *IEEE pervasive computing* 2.3 (2003), S. 34–41.

[Ber14]   Stadt Berlin. *Berlin Open Data.* Abegrufen am: 11.02.2014. 2014. URL: http://daten.berlin.de/.

[Ber99]   Bettina Berendt. *Representation and Processing of Knowledge about Distances in Environmental Space.* Citeseer, 1999.

[Bet07]   E. Bethke. "MMO goal structures as a panacea". In: *Proceedings of the Austin Game Developers Conference 2007.* Austin, Texas, 2007.

[BG95]   Trevor C Bailey und Anthony C Gatrell. *Interactive spatial data analysis.* Bd. 413. Longman Scientific & Technical Essex, 1995.

[Bir+09]   Christian Bird, Peter C Rigby, Earl T Barr, David J Hamilton, Daniel M German und Prem Devanbu. "The promises and perils of mining git". In: *Mining Software Repositories, 2009. MSR'09. 6th IEEE International Working Conference on.* IEEE. 2009, S. 1–10.

[Bjö07]   Staffan Björk. "Changing Urban Perspectives". In: *Space Time Play* (2007), S. 276–279.

[BK07]   Michael Bächle und Paul Kirchberg. "Ruby on Rails." In: *IEEE Software* 24.6 (2007), S. 105–108.

[Blö06]   Günter Blöschl. "Geostatistische Methoden bei der hydrologischen Regionalisierung". In: *Wiener Mitteilungen* 197 (2006), S. 21–39.

[BML05]   Steve Benford, Carsten Magerkurth und Peter Ljungstrand. "Bridging the physical and digital in pervasive gaming". In: *Communications of the ACM* 48.3 (2005), S. 54–57.

[Bre11]   Markus Breuer. *Was ist Gamification?* 2011. URL: http://intelligent-gamification.de/2011/05/11/was-ist-gamification/.

[Bri05]   Thomas Brinkhoff. *Geodatenbanksysteme in Theorie und Praxis.* Wichmann Heidelberg, 2005.

[Bro+13]   Steve Bromley, Pejman Mirza-Babaei, Graham McAllister und Jonathan Napier. "14 Playing to Win?" In: *Multiplayer: The Social Aspects of Digital Gaming* (2013), S. 172.

[Bur94]   Donald Burleson. "OODBMSs gaining MIS ground but RDBMSs still own the road". In: *Software Magazine* 14.11 (1994), S. 63–68.

[But+08]   Howard Butler, Martin Daly, Allan Doyle, Sean Gillies, Tim Schaub und Christopher Schmidt. *The GeoJSON Format Specification.* Abegrufen am: 13.03.2014. 2008. URL: http://www.geojson.org/geojson-spec.html.

[Cat91]   RGG Cattell. "Next-generation database systems". In: *Communications of the ACM* 34.10 (1991), S. 30–33.

[Cel10]   E. Celtek. "Mobile advergames in tourism marketing". In: *Journal of Vacation Marketing* 16.4 (2010), S. 267–281.

[Cel13]   Irene Celino. "Location-Based Games for Citizen Computation". English. In: *Handbook of Human Computation*. Hrsg. von Pietro Michelucci. Springer New York, 2013, S. 297–316.

[Che+03]   Adrian David Cheok, Siew Wan Fong, Kok Hwee Goh, Xubo Yang, Wei Liu und Farzam Farzbiz. "Human Pacman: a sensing-based mobile entertainment system with ubiquitous computing and tangible interaction". In: *Proceedings of the 2nd workshop on Network and system support for games*. ACM. 2003, S. 106–117.

[Che10]   Adrian David Cheok. *Art and technology of entertainment computing and communication: Advances in interactive new media for entertainment computing*. London und New York: Springer, 2010.

[CL11]   Andre Charland und Brian Leroux. "Mobile application development: web vs. native". In: *Communications of the ACM* 54.5 (2011), S. 49–53.

[CMA13]   Maurizio Caon, Elena Mugellini und Omar Abou Khaled. "A Pervasive Game to Promote Social Offline Interaction". In: *Proceedings of the 2013 ACM Conference on Pervasive and Ubiquitous Computing Adjunct Publication*. UbiComp 13 Adjunct. Zurich, Switzerland: ACM, 2013, S. 1381–1384.

[Com14]   Open Data Commons. *Open Database License (ODbL) v1.0*. 2014. URL: http://opendatacommons.org/licenses/odbl/1.0/.

[Con05]   Mia Consalvo. "Gaining Advantage: How Videogame Players Define and Negotiate Cheating." In: *DIGRA Conf*. 2005.

[CR01]   J. Chen und M. Ringel. *Can Advergaming be the Future of Interactive Advertising?* Abgerufen am 13.03.2014. 2001. URL: http://www.locz.com.br/loczgames/advergames.pdf.

[CRB06]   Paul Coulton, Omer Rashid und Will Bamford. "Experiencing 'touch'in mobile mixed reality games". In: *International Conference in Computer Game Design and Technology*. 2006.

[Csi91]   M Csikszentmihalyi. *Flow, The Psychology of Optimal Experience, Steps towards enchancing the quality of life*. Harper&Row, Publishers, 1991.

[DD08]   Paul Deitel und Harvey Deitel. *Deitel® Developer Series Ajax, Rich Internet Applications, and Web Development for Programmers*. First. Upper Saddle River, NJ, USA: Prentice Hall Press, 2008.

[DEB09]   Stephan Dahl, Lynne Eagle und Carlos Báez. "Analyzing advergames: active diversions or actually deception. An exploratory study of online advergames content". In: *Young Consumers: Insight and Ideas for Responsible Marketers* 10.1 (2009), S. 46–59.

[Der13]   Jonathan Derrough. *Instant Interactive Map Designs with Leaflet Javascript Library How-To*. Packt Publishing, 2013.

[Det+11]   Sebastian Deterding, Dan Dixon, Rilla Khaled und Lennart Nacke. "From game design elements to gamefulness: defining gamification". In: *Proceedings of the 15th International Academic MindTrek Conference: Envisioning Future Media Environments*. ACM. 2011, S. 9–15.

[DG13]   Trinh Minh Tri Do und Daniel Gatica-Perez. "Human interaction discovery in smartphone proximity networks". In: *Personal and Ubiquitous Computing* 17.3 (2013), S. 413–431.

[Dig14]   Center for Digitization. *Denmark Open Data*. abgerufen am: 11.02.2014. 2014. URL: http://digitaliser.dk/ressourcer.

[DR01]   Goran M. Djuknic und Robert E. Richton. "Geolocation and Assisted GPS". In: *Computer* 34.2 (Feb. 2001), S. 123–125.

[DR07]   Peter Diggle und Paulo Justiniano Ribeiro. *Model-based geostatistics*. Springer, 2007.

[Duc+06]   Nicolas Ducheneaut, Nicholas Yee, Eric Nickell und Robert J Moore. "Alone together?: exploring the social dynamics of massively multiplayer online games". In: *Proceedings of the SIGCHI conference on Human Factors in computing systems*. ACM. 2006, S. 407–416.

[EM08]   David Edery und Ethan Mollick. *Changing the game: how video games are transforming the future of business*. Ft Press, 2008.

[FGG09]   Chris Forman, Anindya Ghose und Avi Goldfarb. "Competition between local and electronic markets: How the benefit of buying online depends on where you live". In: *Management Science* 55.1 (2009), S. 47–57.

[Fli+03]   Martin Flintham, Steve Benford, Rob Anastasi, Terry Hemmings, Andy Crabtree, Chris Greenhalgh, Nick Tandavanitj, Matt Adams und Ju Row-Farr. "Where on-line meets on the streets: experiences with mobile mixed reality games". In: *Proceedings of the SIGCHI conference on Human factors in computing systems*. ACM. 2003, S. 569–576.

[FM08]   Andrew J Flanagin und Miriam J Metzger. "The credibility of volunteered geographic information". In: *GeoJournal* 72.3-4 (2008), S. 137–148.

[FOS13]   FOSSGIS. "Anwenderkonferenz für Freie und Open Source Software für Geoinformationssysteme". In: *Tagungsband der FOSSGIS 2013* (2013).

[Gar13]   Gartner. *Gartner Says Annual Smartphone Sales Surpassed Sales of Feature Phones for the First Time in 2013*. Abegrufen am: 05.03.2014. 2013. URL: http://www.gartner.com/newsroom/id/2665715.

[GCA13]   Adam Gamble, Cloves Carneiro und Rida Al Barazi. "JavaScript and CSS". In: *Beginning Rails 4*. Springer, 2013, S. 191–201.

[GD05]   Philippe Golle und Nicolas Ducheneaut. "Preventing bots from playing online games". In: *Computers in Entertainment (CIE)* 3.3 (2005), S. 3–3.

[Gfk09]   Gfk. *Handelsklima*. Abegrufen am: 11.02.2014. 2009. URL: http://www.gfk-geomarketing.de/fileadmin/gfkgeomarketing/de/gfk_geomarketing_magazin/0309_gfk_geomarketing_magazin.pdf.

[GO98]   E Grafarend und F Okeke. "Transformation of conformai coordinates of type Mercator from a global datum (WGS 84) to a local datum (Regional, national)". In: *Marine Geodesy* 21.3 (1998), S. 169–180.

[Goo07]   Michael F Goodchild. "Citizens as sensors: the world of volunteered geography". In: *GeoJournal* 69.4 (2007), S. 211–221.

[Goo97]   Pierre Goovaerts. *Geostatistics for natural resources evaluation*. Oxford university press, 1997.

[Gra95]   E. Grafarend. "The Optimal Universal Transverse Mercator Projection". English. In: *Geodetic Theory Today*. Hrsg. von Fernando Sansò. Bd. 114. International Association of Geodesy Symposia. Springer Berlin Heidelberg, 1995, S. 51–51.

[GSS10]   Marco Guerini, Carlo Strapparava und Oliviero Stock. "Evaluation Metrics for Persuasive NLP with Google AdWords." In: *LREC*. 2010.

[GT10]   Jean-François Girres und Guillaume Touya. "Quality Assessment of the French OpenStreetMap Dataset". In: *Transactions in GIS* 14.4 (2010), S. 435–459.

[Gut+04] Carl Gutwin, Steve Benford, Jeff Dyck, Mike Fraser, Ivan Vaghi und Chris Greenhalgh. "Revealing delay in collaborative environments". In: *Proceedings of the SIGCHI conference on Human factors in computing systems*. ACM. 2004, S. 503–510.

[Hak10]   Mordechai Haklay. "How good is volunteered geographical information? A comparative study of OpenStreetMap and Ordnance Survey datasets". In: *Environment and planning. B, Planning & design* 37.4 (2010), S. 682.

[Ham14]   Stadt Hamburg. *Hamburg Open Data*. Abegrufen am: 11.02.2014. 2014. URL: http://daten.hamburg.de/.

[Hei14]   Gerrit Heinemann. "Location Based Services als Basisfaktor Nr. 2 des SoLoMo". German. In: *SoLoMo - Always-on im Handel*. Springer Fachmedien Wiesbaden, 2014, S. 65–118.

[Hei92]   Uwe Heinrich. *Zur Methodik der räumlichen Interpolation mit geostatistischen Verfahren*. Springer, 1992.

[Hin+07]   Steve Hinske, Matthias Lampe, Carsten Magerkurth und Carsten Röcker. "Classifying pervasive games: on pervasive computing and mixed reality". In: *Concepts and technologies for Pervasive Games-A Reader for Pervasive Gaming Research* 1 (2007), S. 20.

[HKH13]   Robert Hecht, Carola Kunze und Stefan Hahmann. "Measuring Completeness of Building Footprints in OpenStreetMap over Space and Time". In: *ISPRS International Journal of Geo-Information* 2.4 (2013), S. 1066–1091.

[HLR11]   Wenbo He, Xue Liu und Mai Ren. "Location cheating: A security challenge to location-based social network services". In: *Distributed Computing Systems (ICDCS), 2011 31st International Conference on*. IEEE. 2011, S. 740–749.

[Hol11]   Anthony T Holdener. *HTML5 Geolocation*. O'Reilly Media, Inc., 2011.

[HW08]   Mordechai Haklay und Patrick Weber. "Openstreetmap: User-generated street maps". In: *Pervasive Computing, IEEE* 7.4 (2008), S. 12–18.

[Jea03]   Marc Jeannerod. "The mechanism of self-recognition in humans". In: *Behavioural brain research* 142.1 (2003), S. 1–15.

[Kap12]   Karl Kapp. *The Gamification of Learning and Instruction. Game-Based Methods and Strategies for Training and Education*. Pfeiffer, 2012.

[Kar14]   Peter Karich. "GraphHopper Maps: Fast Road Routing in 100-Percent Java". In: *Java Magazine* 1/2014 (2014), S. 71–73.

[Ker13]   Johanna Schockemöhle Kerstin Neeb Ulrike Ohl. *Hochschullehre in der Geographiedidaktik: Wie kann die Ausbildung zukünftiger Lehrerinnen und Lehrer optimiert werden?* Hrsg. von Kerstin Neeb. Bd. 7. Gießener geographische Manuskripte. Aachen: Shaker, 2013.

[Kit97]   Kitanidis. *Introduction to geostatistics: applications in hydrogeology*. Cambridge University Press, 1997.

[KM05]   Peter Kiefer und Sebastian Matyas. "The Geogames Tool: Balancing spatio-temporal design parameters in location-based games". In: *Conference on Computer Games (CGAMES 2005), Angoulême, France*. 2005.

[KMS05]   Peter Kiefer, Sebastian Matyas und Christoph Schlieder. "State space analysis as a tool in the design of a smart opponent for a location-based game". In: *Proceedings of the Games Convention Developer Conference "Computer Science and Magic", Leipzig, Germany*. 2005.

[KMS06]   Peter Kiefer, Sebastian Matyas und Christoph Schlieder. "Systematically exploring the design space of location-based games". In: *Pervasive 2006 Workshop Proceedings, Poster presented at PerGames2006*. Bd. 7. 2006, S. 183–190.

[KMS07a]   Peter Kiefer, Sebastian Matyas und Christoph Schlieder. "Playing Location-based Games on Geographically Distributed Game Board". In: *Magerkurth et al.(eds.): 4th Inernational Symposium on Pervasive Gaming Applications (PerGames 2007)*. 2007.

[KMS07b]   Peter Kiefer, Sebastian Matyas und Christoph Schlieder. "Playing on a line: location-based games for linear trips". In: *Proceedings of the international conference on Advances in computer entertainment technology*. ACM. 2007, S. 250–251.

[LE07]   Benjamin Livshits und Úlfar Erlingsson. "Using web application construction frameworks to protect against code injection attacks". In: *Proceedings of the 2007 workshop on Programming languages and analysis for security*. ACM. 2007, S. 95–104.

[Lei12]   Steven Leigh. *Smart Insurers turn to Gamification as a way to Change Agent Behavior*. Abegrufen am: 11.02.2014. 2012. URL: http://www.infosysbpo.com/offerings/industries/insurance/Documents/insurance-journal-2012.pdf.

[Lin+11]   Janne Lindqvist, Justin Cranshaw, Jason Wiese, Jason Hong und John Zimmerman. "I'm the mayor of my house: examining why people use foursquare-a social-driven location sharing application". In: *Proceedings of the SIGCHI Conference on Human Factors in Computing Systems*. ACM. 2011, S. 2409–2418.

[LRK93]   Andrew M Liebhold, Richard E Rossi und William P Kemp. "Geostatistics and geographic information systems in applied insect ecology". In: *Annual review of entomology* 38.1 (1993), S. 303–327.

[LS12]   Sonja Gust von Loh und Wolfgang G Stock. *Informationskompetenz in der Schule: ein informationswissenschaftlicher Ansatz*. Walter de Gruyter, 2012.

[Lui14]   Lui. *Ingress Survey 2014*. Abegrufen am: 04.03.2014. 2014. URL: http://goo.gl/1jQkqx.

[Mag07]   Carsten Magerkurth. *Pervasive gaming applications*. Bd. 2. A reader for pervasive gaming research. Aachen: Shaker, 2007. ISBN: 9783832262242.

[Mal91]   DH Maling. "Coordinate systems and map projections for GIS". In: *Geographical Information Systems: Principles and Applications. John Wiley & sons* (1991), S. 135–146.

[Man12a]   Andrea Mannara. "Location-based games and the use of GIS information: Design of a DSL for (re)locating a pervasive game". Magisterarb. Norwegian University of Science, Technology, Department of Computer und Information Science, 2012, S. 70.

[Man12b]   Claudia Manns. *Gamification zur Steigerung der Mitarbeitermotivation*. 2012.

[Mar13]   A. Marczewski. *Gamification: A Simple Introduction*. Andrzej Marczewski, 2013.

[Mat+08]   Sebastian Matyas, Christian Matyas, Christoph Schlieder und Peter Kiefer. "CityExplorer-A Geogame Extending the Magic Circle." In: *GI Jahrestagung (1)*. 2008, S. 503–504.

[Mat11]   Sebastian Matyas. *Gemeinschaftliche qualitätsgesicherte Erhebung und semantische Integration von raumbezogenen Daten*. Bd. 7. University of Bamberg Press, 2011.

[May10]   Frans Mayra. *An introduction to game studies: Games in culture*. Repr. Los Angeles: SAGE, 2010.

[MM07]   Victoria Mallinckrodt und Dick Mizerski. "The effects of playing an advergame on young children's perceptions, preferences, and requests". In: *Journal of Advertising* 36.2 (2007), S. 87–100.

[Mon05]   Markus Montola. "Exploring the edge of the magic circle: Defining pervasive games". In: *Proceedings of DAC*. 2005, S. 103.

[MR07]   Carsten Magerkurth und Carsten Röcker. *Concepts and Technologies for Pervasive Games: A reader for pervasive gaming research vol. 2.* Bd. 1. A reader for pervasive gaming research. Aachen: Shaker, 2007.

[MSW05]   Mark Maybury, Oliviero Stock und Wolfgang Wahlster. "Intelligent technologies for interactive entertainment". In: *First international conference, INTETAIN.* Bd. 1. Lecture notes in computer science Lecture notes in artificial intelligence. Berlin: Springer, 2005.

[MSW09]   Markus Montola, Jaakko Stenros und Annika Waern. *Pervasive games: Theory and design ; [experiences on the boundary between life and play].* Morgan Kaufmann game design books. Amsterdam: Elsevier/Morgan Kaufmann, 2009.

[MTS13]   Torben Meyer, Matthias Trojahn und Steffen Strassburger. "Using crowdsourced geographic information from OpenStreetMap for discrete event simulation of logistic systems". In: *Proceedings of the 46th Annual Simulation Symposium.* Society for Computer Simulation International. 2013, S. 2.

[Nac12]   Deutsche Wirtschafts Nachrichten. *Einzelhandel mit stärkstem Umsatzeinbruch seit vier Jahren.* Abegrufen am: 11.02.2014. 2012. URL: http://deutsche-wirtschafts-nachrichten.de/2012/11/30/einzelhandel-mit-staerkstem-umsatzeinbruch-seit-vier-jahren-2/.

[Nel02]   Michelle R Nelson. "Recall of brand placements in computer/video games". In: *Journal of advertising research* 42.2 (2002), S. 80–92.

[Nie07]   Eva Nieuwdorp. "The pervasive discourse: an analysis". In: *Computers in Entertainment (CIE)* 5.2 (2007), S. 13.

[NKY04]   Michelle R Nelson, Heejo Keum und Ronald A Yaros. "Advertainment or adcreep game players' attitudes toward advertising and product placements in computer games". In: *Journal of Interactive Advertising* 5.1 (2004), S. 3–21.

[Nur+09]   Nurzhan Nurseitov, Michael Paulson, Randall Reynolds und Clemente Izurieta. "Comparison of JSON and XML Data Interchange Formats: A Case Study." In: *Caine* 9 (2009), S. 157–162.

[NZZ11]   Pascal Neis, Dennis Zielstra und Alexander Zipf. "The street network evolution of crowdsourced maps: OpenStreetMap in Germany 2007–2011". In: *Future Internet* 4.1 (2011), S. 1–21.

[Ohl14]   Ohloh. *Comparision of OpenLayers and Leaflet*. Abgrufen am: 20.03.2014. 2014. URL: `http://www.ohloh.net/p/compare?project_0=OpenLayers& project_1=Leaflet`.

[Olb14]   Roland Olbricht. *Overpass API Output Formats*. Abgrufen am: 18.03.2014. 2014. URL: `http://overpass-api.de/output_formats.html`.

[OMM13]   Dražen Odobašić, Damir Medak und Mario Miler. "Gamification of geographic data collection". In: *Creating the GISociety – Conference Proceedings*. GI_Forum 2013. Verlag der Österreichischen Akademie der Wissenschaften, 2013.

[OOS06]   Atsuyuki Okabe, Kei-ichi Okunuki und Shino Shiode. "SANET: a toolbox for spatial analysis on a network". In: *Geographical Analysis* 38.1 (2006), S. 57–66.

[Ope13a]   Openstreemaps. *64-bit Identifiers*. Abgrufen am: 03.03.2014. 2013. URL: `http://wiki.openstreetmap.org/wiki/64-bit_Identifiers`.

[Ope13b]   Openstreemaps. *Active Contributors until 2013-12*. Abgrufen am: 03.03.2014. 2013. URL: `http://wiki.openstreetmap.org/wiki/File:Active_contributors_month_201312.png`.

[Ore07]   Tim O'reilly. "What is Web 2.0: Design patterns and business models for the next generation of software." In: *Communications & strategies* 65 (2007).

[Oxf13]   Oxford. *Oxford Dictionary 2013*. Oxford University Press, 2013.

[OY01]   Atsuyuki Okabe und Ikuho Yamada. "The K-function method on a network and its computational implementation". In: *Geographical Analysis* 33.3 (2001), S. 271–290.

[Pap06]   Lothar Papula. *Mathematische Formelsammlung für Ingenieure und Naturwissenschaftler*. Bd. 7. Springer, 2006.

[Pel11]   Nick Pelling. *The (short) prehistory of gamification*. Abgrufen am: 20.03.2014. 2011. URL: `http://nanodome.wordpress.com/2011/08/09/the-short-prehistory-of-gamification/`.

[Pfo+13]   Dieter Pfoser, Agnès Voisard, Jacinto Estima und Marco Painho. "Exploratory analysis of OpenStreetMap for land use classification". In: *the Second ACM SIGSPATIAL International Workshop*. 2013, S. 39–46.

[Pos11]   Stefan Poslad. *Ubiquitous computing: smart devices, environments and interactions*. 2. Aufl. John Wiley & Sons, 2011.

[PTV02]   Martin Pol, Ruud Teunissen und Erik Van Veenendaal. *Software testing: a guide to the TMap approach*. Pearson Education, 2002.

[Qiu02]   HC Qiuhui. "Study on mvc model2 and struts framework". In: *Computer Engineering* 6 (2002), S. 109.

[Ram12]   Roland Ramthun. "Offene Geodaten durch OpenStreetMap". In: *Open Initiatives: Offenheit in der digitalen Welt und Wissenschaft* (2012), S. 159.

[Ras+06a]   Omer Rashid, Will Bamford, Paul Coulton, Reuben Edwards und Jurgen Scheible. "PAC-LAN: mixed-reality gaming with RFID-enabled mobile phones". In: *Computers in Entertainment (CIE)* 4.4 (2006), S. 4.

[Ras+06b]   Omer Rashid, Ian Mullins, Paul Coulton und Reuben Edwards. "Extending cyberspace: location based games using cellular phones". In: *Computers in Entertainment (CIE)* 4.1 (2006), S. 4.

[Rös05]   Gerhard Rösl. "Regionalwährungen in Deutschland". German. In: *Wirtschaftsdienst* 85.3 (2005), S. 182–190.

[Sal11]   Simon Salt. *Social Location Marketing: Erreichen Sie Ihre Kunden mit Lokalisierungsdiensten.* München: Pearson Deutschland, 2011.

[Sch+01]   D. Schwabe, L. Esmeraldo, Gustavo Rossi und F. Lyardet. "Engineering Web applications for reuse". In: *MultiMedia, IEEE* 8.1 (Jan. 2001), S. 20–31.

[Sch01]   Christina Schmitt. "Chancen für Loyalitätsprogramme durch das Internet: das Beispiel Lufthansa Miles & More". German. In: *Effektives Customer Relationship Management.* Hrsg. von Stefan Helmke und Wilhelm Dangelmaier. Gabler Verlag, 2001, S. 85–99.

[Sch02]   Philip J Schoeneberger. *Field Book for Describing and Sampling Soils, Version 3. 0.* Government Printing Office, 2002.

[Sch13]   Christoph Schlieder. "Geogames – Gestaltungsaufgaben und geoinformatische Lösungsansätze:" In: *unveröffentlichtes Manuskript Universität Bamberg* (2013).

[Sim08]   Roberto Simanowski. "Digitale Medien in der Erlebnisgesellschaft". In: *Kultur–Kunst–Utopien.* (2008).

[SKM05]   Christoph Schlieder, Peter Kiefer und Sebastian Matyas. "Geogames: A conceptual framework and tool for the design of location-based games from classic board games". In: *Intelligent Technologies for Interactive Entertainment.* Springer, 2005, S. 164–173.

[SKM06]   Christoph Schlieder, Peter Kiefer und Sebastian Matyas. "Geogames: Designing location-based games from classic board games". In: *Intelligent Systems, IEEE* 21.5 (2006), S. 40–46.

[Spo+04]   Peter G Spooner, Ian D Lunt, Atsuyuki Okabe und Shino Shiode. "Spatial analysis of roadside Acacia populations on a road network using the network K-function". In: *Landscape ecology* 19.5 (2004), S. 491–499.

[Sto03]   Knut Stolze. "SQL/MM Spatial-The Standard to Manage Spatial Data in a Relational Database System." In: *BTW*. Bd. 2003. 2003, S. 247–264.

[SZ04]   Katie Salen und Eric Zimmerman. *Rules of play: Game design fundamentals*. MIT Press, 2004.

[TB06]   Winkler Tina und Kathy Buckner. "Receptiveness of gamers to embedded brand messages in advergames: Attitudes towards product placement". In: *Journal of Interactive Advertising* 7.1 (2006), S. 3–32.

[Tes12]   Tesco. *Tesco Homeplus expands number of virtual stores*. Abgerufen: 05.03.2014. 2012. URL: http://www.tescoplc.com/index.asp?pageid=17&newsid=593.

[TH06]   Bruce A Tate und Curt Hibbs. *Ruby on Rails: Up and Running: Up and Running*. O'Reilly Media, Inc., 2006.

[VKB06]   Pieter Van Zyl, Derrick G Kourie und Andrew Boake. "Comparing the performance of object databases and ORM tools". In: *Proceedings of the 2006 annual research conference of the South African institute of computer scientists and information technologists on IT research in developing countries*. South African Institute for Computer Scientists und Information Technologists. 2006, S. 1–11.

[Wag05]   Oliver Wagner. "Kundenbindung: Miles & More — Kundenbindung in der Luft". In: *Handbuch Kundenzufriedenheit*. Springer Berlin Heidelberg, 2005, S. 135–153.

[Wei+11]   Joel Weinberger, Prateek Saxena, Devdatta Akhawe, Matthew Finifter, Richard Shin und Dawn Song. "A systematic analysis of xss sanitization in web application frameworks". In: *Computer Security–ESORICS 2011*. Springer, 2011, S. 150–171.

[Wie14]   Stadt Wien. *Wien Open Data*. Abgerufen am: 11.02.2014. 2014. URL: https://open.wien.at.

[Wik14]   Wikipedia. *World Wide Smartphone Sales Share - Diagram based on Gartner*. Abgerufen am: 05.03.2014. 2014. URL: http://en.wikipedia.org/wiki/File:World_Wide_Smartphone_Sales_Share.png.

[WWW14]   WWWtechs. *Usage of server-side programming languages for websi-tes*. Abegrufen am: 20.03.2014. 2014. URL: `http://w3techs.com/` `technologies/overview/programming_language/all`.

[YR05]   Jeff Yan und Brian Randell. "A systematic classification of cheating in online games". In: *Proceedings of 4th ACM SIGCOMM workshop on Network and system support for games*. ACM. 2005, S. 1–9.

[ZC11]   Gabe Zichermann und Christopher Cunningham. *Gamification by de-sign: Implementing game mechanics in web and mobile apps*. O'Reilly Media, Inc., 2011.

[ZL13]   Gabe Zichermann und Joselin Linder. *The Gamification Revolution: How Leaders Leverage Game Mechanics to Crush the Competition*. Mc-Graw Hill Professional, 2013.

[Zoo+10] Matthew Zook, Mark Graham, Taylor Shelton und Sean Gorman. "Vol-unteered geographic information and crowdsourcing disaster relief: a case study of the Haitian earthquake". In: *World Medical & Health Po-licy* 2.2 (2010), S. 7–33.

Eidestattliche Erklärung

Ich erkläre hiermit gemäß §17 Abs. 2 APO, dass ich die vorstehende Masterarbeit selbständig verfasst und keine anderen als die angegebenen Quellen und Hilfsmittel benutzt habe.

Hamburg, 24.04.2014
Ort, Datum

Unterschrift